La géographie de la France

Gérard Labrune

SOMMAIRE

MODE D'EMPLOI

Divisé en 6 parties, l'ouvrage s'organise par doubles pages. Chaque double page fonctionne de la façon suivante :

Un repérage : les six parties de l'ouvrage.

Un titre annonce le sujet de la double-page.

Quelques lignes situent le sujet développé en donnant les chiffres fondamentaux et en annonçant les idées directrices.

| CADRE NATUREL |
| POPULATION |
| ORGANISATION |
| VIE ÉCONOMIQUE |
| COMMUNICATION |
| FRANCE ET MONDE |

La végétation

La France compte 4 200 espèces végétales qui poussent sous des climats, favorables dans leur ensemble, au développement d'une végétation. Une température, moyenne mensuelle, de 10° permet une période végétative de 6 à 10 mois, selon le lieu.
L'homme a profondément modifié la couverture végétale d'origine.

La marque de l'homme sur la végétation

L'homme a défriché l'immense forêt, qui couvrait la presque totalité du territoire, pour pratiquer l'agriculture, pour se procurer du bois d'œuvre (chênes et hêtres pour la marine, pins pour les mines), du bois de chauffage (charme, orme, chêne), de la pâte à papier (peuplier et conifères). Il a propagé des espèces : le châtaignier qui fournissait les échalas pour les vignobles. Il a aussi reboisé : la forêt des Landes et les pinèdes champenoises ont été plantées par l'homme au XIXᵉ siècle.

Le domaine atlantique

C'est le domaine de la forêt tempérée essentiellement constituée d'arbres à feuilles caduques. Le chêne y est dominant. Il est associé au hêtre. Ce dernier exige plus d'humidité et supporte mieux le froid, ce qui explique sa localisation au nord-est de la France, dans l'est du Bassin Parisien, et jusqu'à 1 500 m d'altitude. Ces deux essences sont aussi associées au bouleau et aux résineux, dans la moitié nord du pays, au châtaignier et au pin maritime, dans le secteur aquitain.
La forêt, quand elle se dégrade fait place à la lande océanique parsemée d'ajoncs, de bruyères et de genêts qui acidifient le sol et rendent difficile la réinstallation des arbres.

Le domaine méditerranéen

C'est le domaine d'une forêt adaptée à une sécheresse estivale et où dominent les arbres à feuilles persistantes : le chêne vert, le chêne-liège, le pin parasol parfois associés à l'olivier. Un point d'eau permanent permet la présence de peupliers, de saules, d'aulnes et d'érables.
Cette forêt, détruite par les incendies et l'occupation humaine, n'existe plus qu'à l'état de lambeaux. Elle a fait place aux garrigues, avec le thym, la lavande et le chêne kermès rabougri, aux maquis impénétrables de buissons touffus et épineux.

Le domaine montagnard (au-dessus de 1 000 m)

C'est le domaine d'une forêt et d'une végétation étagées en fonction de l'altitude et des variations de température (voir ci-contre).
La limite supérieure des espèces végétales varie beaucoup selon l'exposition des versants. Elle est plus basse sur l'ubac, frais et humide, plus élevée sur l'adret ensoleillé.

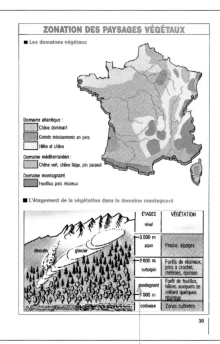

ZONATION DES PAYSAGES VÉGÉTAUX

■ Les domaines végétaux

Domaine atlantique :
- Chêne dominant
- Grands reboisements en pins
- Hêtre et chêne

Domaine méditerranéen :
- Chêne vert, chêne liège, pin parasol

Domaine montagnard
- Feuillus pins résineux

■ L'étagement de la végétation dans le domaine montagnard

ÉTAGES		VÉGÉTATION
	nival	
−3 000 m	alpin	Prairie, alpages
−2 000 m	subalpin	Forêts de résineux, pins à crochet, mélèzes, épicéas
	montagnard	Forêt de feuillus, hêtres auxquels se mêlent quelques résineux
−1 000 m	collinéen	Zones cultivées

Des paragraphes rédigés dans un langage simple excluant tout jargon, de nombreux schémas, graphiques et tableaux font le point sur les différents aspects de la question traitée.

La page de droite développe un point particulier de la page de gauche et lui apporte souvent un précieux complément cartographique.

CADRE NATUREL

POPULATION

ORGANISATION

VIE ÉCONOMIQUE

COMMUNICATION

FRANCE ET MONDE

La formation de la Terre

La Terre se serait formée il y a 4,6 milliards d'années. Les plus anciennes roches terrestres connues sont situées au sud-ouest du Groenland. Elles sont vieilles de 3,8 milliards d'années. Les continents ont un jour été soudés. Aujourd'hui séparés, ils continuent à « dériver » à la surface du globe terrestre.

La naissance de l'univers

L'Univers serait né il y a 15 milliards d'années d'une explosion brutale désignée sous le nom de Big-Bang. Dans sa partie visible au téléscope, l'Univers compte cent milliards de galaxies. La Voie Lactée, galaxie à laquelle appartient la Terre, comprend 200 millions d'étoiles.

Le système solaire

Le système solaire n'est qu'une infime partie de la Voie Lactée. Il serait né il y a 4,6 milliards d'années d'un nuage de gaz et de poussières qui se contracta en tournant de plus en plus rapidement sur lui-même. Au centre se constitua le Soleil. Autour de lui un disque de poussières donna peu à peu naissance à 9 planètes par agglomération des grains de poussière.

Planètes	Distance au soleil	Temps de révolution
Mercure	0,4 UA*	88 jours
Vénus	0,7 UA	0,6 an
Terre	1 UA	1 an
Mars	1,5 UA	1,9 an
Jupiter	5,2 UA	11,9 ans
Saturne	9,6 UA	29,5 ans
Uranus	19 UA	84 ans
Neptune	30 UA	165 ans
Pluton	39,5 UA	249 ans

* UA = unité astronomique, soit 150 millions de kilomètres, la distance Terre-Soleil

Schéma du système solaire
(l'échelle n'est pas respectée)

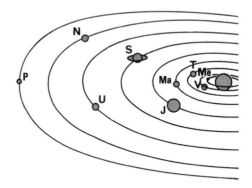

La Terre

La Terre, à l'équateur, a une circonférence de 40 000 km pour un diamètre de 12 756 km. Le diamètre polaire est plus court de 40 kilomètres.

La Terre décrit une orbite autour du Soleil en 365 jours un quart. Elle effectue simultanément une rotation sur elle-même autour de l'axe des pôles, ce qui provoque l'alternance jour-nuit. La vitesse de rotation et de 1 676 km/h à l'équateur et de 1 100 km/h en France. L'axe de rotation des pôles est incliné de 66° par rapport au plan défini par l'orbite terrestre.

La Terre a un satellite : la Lune qui est distante de 380 000 km. La Lune décrit une orbite autour de la Terre en 29 jours et demi.

■ La dérive des continents

La théorie de la dérive des continents, avancée en 1912 par Wegener, se fondait sur la coïncidence des formes de l'ouest de l'Afrique et du nord-est de l'Amérique latine. Elle était confortée par l'existence de certaines roches caractéristiques, de fossiles similaires de fougères et de reptiles sur les deux continents.

Les principales plaques lithosphériques

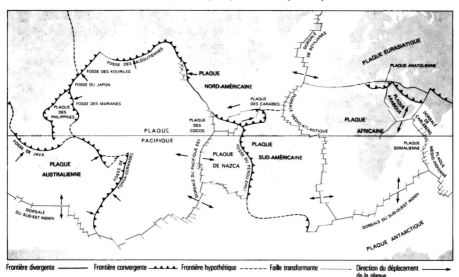

Frontière divergente ——— Frontière convergente ▲▲▲▲ Frontière hypothétique ----- Faille transformante ——— Direction du déplacement ——➤ de la plaque

■ La tectonique des plaques

La tectonique des plaques modifie la théorie de Wegener en la précisant.

La surface du globe est composée d'une mosaïque de grandes plaques rigides d'une centaine de kilomètres d'épaisseur qui forment la lithosphère. Ces plaques dont les frontières ne coïncident pas avec les continents sont comparables à des radeaux flottant sur un matériau plus mou, une couche plus visqueuse d'une épaisseur de 700 kilomètres : l'asthénosphère. Elles se déplacent les unes par rapport aux autres de quelques centimètres par an sous l'effet de mouvements intervenant dans la partie supérieure de l'écorce terrestre.Ces mouvements lents mais continus de matière sont les moteurs de la mobilité des plaques.

Trois types de frontières de plaques peuvent être distingués. Les frontières divergentes (dorsales) où les plaques se séparent et ont donné naissance aux océans. Les frontières convergentes où les plaques se rapprochent et ont donné naissance aux montagnes (Alpes, Himalaya), aux cordillères (Andes) ou aux fosses océaniques. Les frontières coulissantes où les plaques glissent l'une contre l'autre le long de failles transformantes (faille de San Andreas).

Les frontières des plaques sont les lieux des principaux tremblements de terre.

| CADRE NATUREL |
| POPULATION |
| ORGANISATION |
| VIE ÉCONOMIQUE |
| COMMUNICATION |
| FRANCE ET MONDE |

Le cadre français

La France continentale se situe entre 42°20 et 51°5 de lattitude nord, entre 4°47 de longitude ouest et 8°15 de longitude est. La France s'étend sur 551 695 km², ce qui la place au premier rang européen si l'on exclut la partie européenne de la CEI et au quarante-cinquième rang mondial.

Une France hexagonale et compacte

La France continentale s'inscrit dans un hexagone. Elle est compacte sans être massive. Aucun point du territoire n'est à plus de 500 km d'un rivage. Aucun point n'est à plus de 1 000 km d'un autre. Il est possible, en voiture comme en train de traverser la France d'est en ouest, ou du nord au sud en moins d'une journée.

Une situation priviligiée

La situation de la France est privilégiée dans la mesure où elle est le seul état européen ouvert à la fois sur la mer du Nord, la Manche, l'océan Atlantique et la mer Méditerranée. La France supporte entre Atlantique et Méditerranée le plus étroit des isthmes européens : 360 km entre le golfe de Gascogne et le golfe du Lyon.

Finistère ancré à l'ouest de l'Europe, zone de contact entre l'Europe du nord et celle du sud, la France est en situation de carrefour maritime et continental ; elle occupe une position clef au sein de l'Union européenne.

Un échantillonnage des reliefs européens

Les grands types de relief de l'Europe convergent vers la France. Au nord, dans les Flandres vient finir la grande plaine de l'Europe du nord. Au sud et au sud-est, les Pyrénées et les Alpes forment l'extrémité d'un gigantesque ensemble montagneux qui, par les Carpathes, les Balkans et le Caucase se relie à l'Himalaya. Les Vosges, le Massif Central et la Bretagne présentent tous les aspects de l'Europe centrale hercynienne.

Des frontières... naturelles ?

Les frontières de la France continentale s'étendent sur 5 500 km. Les frontières terrestres, qui représentent les trois cinquièmes, s'appuient sur des ensembles naturels : à l'est le Rhin, le Jura et les Alpes, au sud les Pyrénées. Seules les frontières du nord et du nord-est paraissent artificielles, conventionnelles : elles coupent des plaines et des vallées fluviales. Dans la réalité, le tracé des frontières terrestres ne coïncide pas souvent avec les limites des régions naturelles. Ainsi, dans les Pyrénées, sur près de la moitié de sa longueur, la frontière ne suit pas la ligne de partage des eaux (voir p. 13). Il en est de même dans le Jura et les Alpes-maritimes.

Les frontières sont des créations politiques. Elles ne correspondent d'ailleurs pas non plus aux limites du parler français. Elles sont le fruit de l'histoire, le résultat des rapports de la France avec les pays voisins. Si la frontière pyrénéenne est stable depuis 1659, la frontière de l'est n'a été stabilisée qu'après la Première Guerre mondiale.

La France dans le monde

L'espace hexagonal

CADRE NATUREL

POPULATION

ORGANISATION

VIE ÉCONOMIQUE

COMMUNICATION

FRANCE ET MONDE

Histoire du relief (1)

L'histoire géologique ne commence qu'il y a 570 millions d'années. Quatre grandes périodes ont pu être distinguées : l'ère primaire (345 millions d'années), l'ère secondaire (170 millions d'années), l'ère tertiaire (65 millions d'années) et l'ère quaternaire (2 millions d'années).

▨▨▨ Les temps géologiques

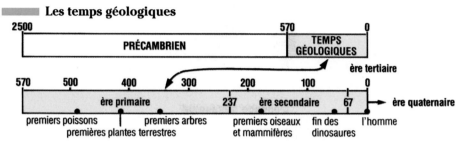

Les plus anciennes roches françaises connues sont situées dans le Massif armoricain, entre le Cap de la Hague et Cherbourg. Leur datation au moyen de la radioactivité a établi qu'elles sont vieilles de 2 500 millions d'années.

Si l'on prend comme référence la plus vieille roche française et que l'on représente l'histoire du relief français par une année, les neuf premiers mois (Précambrien) sont mal connus. L'ère primaire commence le premier octobre, l'ère secondaire le 20 novembre, l'ère tertiaire le 15 décembre, l'ère quaternaire le 31 décembre à 9 heures du matin. L'homme capable de tailler une pierre ne survient que vers 16 heures. L'homme de Cromagnon, homo sapiens, n'apparaît que vers 23 h 45 le dernier jour de l'année.

▨▨▨ L'ère primaire : le plissement hercynien

L'ère primaire (345 millons d'années) est marquée par un violent plissement hercynien (du nom de Hartz en Allemagne) qui a donné naissance à des montagnes élevées formées de chaînes plissées et de massifs cristallins (granit) : le nord et le centre du Massif Central, le Massif armoricain, les Vosges et les Ardennes.

À la fin de l'ère primaire, les chaînes hercyniennes, usées, rabotées par l'érosion ont été réduites à l'état de pénéplaines. La France n'est plus qu'une surface faiblement accidentée.

▨▨▨ L'ère secondaire : la France sous les eaux

L'ère secondaire (170 millions d'années) est marquée par de grandes invasions de la mer sans qu'il soit toujours possible de préciser les limites exactes de ces transgressions marines. Cette mer généralement peu profonde (50 à 100 mètres) dépose sur la pénéplaine hercynienne d'épaisses couches de sédiments (argiles, craies, sables). Certaines parties du socle s'affaissent lentement sous le poids des sédiments, donnant naissance à des cuvettes : le Bassin parisien et le Bassin aquitain.

Un gigantesque fossé se forme progressivement au sud-est, à l'emplacement des Alpes. Les dépôts s'accumulent sur une épaisseur énorme dans le géosynclinal alpin.

■ **Le relief à la fin de l'ère primaire : la pénéplaine post-hercynienne**

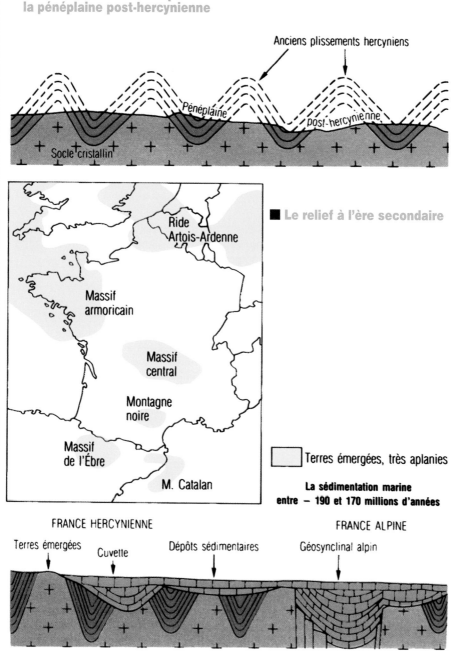

Anciens plissements hercyniens

Pénéplaine post-hercynienne

Socle cristallin

Ride Artois-Ardenne

Massif armoricain

Massif central

Montagne noire

Massif de l'Èbre

M. Catalan

■ **Le relief à l'ère secondaire**

Terres émergées, très aplanies

La sédimentation marine entre − 190 et 170 millions d'années

FRANCE HERCYNIENNE

FRANCE ALPINE

Terres émergées   Cuvette   Dépôts sédimentaires   Géosynclinal alpin

9

CADRE NATUREL
POPULATION
ORGANISATION
VIE ÉCONOMIQUE
COMMUNICATION
FRANCE ET MONDE

Histoire du relief (2)

Le relief français résulte de la conjonction de trois phénomènes dont l'importance varie au fil du temps : création de reliefs (soulèvements et effondrements), constitution de dépôts au fond des mers (sédimentation), destruction du relief par des agents d'érosion (eau, vent, organismes vivants).

L'ère tertiaire : le surgissement pyrénéo-alpin

L'ère tertiaire (65 millions d'années) est marquée par le surgissement des Pyrénées et des Alpes sur la frontière convergente des plaques euro-asiatique et africaine (voir page 5).

□ Les Pyrénées surgissent en premier à la suite d'un important soulèvement de blocs fracturés du socle hercynien et du plissement des sédiments déposés dans les mers de bordure.

□ Les Alpes naissent par saccades tout au long du tertiaire. La masse du géosynclinal surgit et se plisse violemment en donnant naissance à des nappes de charriage. Le vieux socle cristallin se soulève par la suite dans la zone centrale. La totalité du massif subit enfin une élévation d'ensemble à la fin du tertiaire.

□ Le Jura s'édifie en même temps que les Alpes.

□ Les massifs anciens subissent le contrecoup du soulèvement alpin. Les Vosges et le Massif Central sont ainsi rehaussés mais certaines parties se faillent, des effondrements se produisent dans la vallée du Rhin, la vallée du Rhône, la Limagne. Ces mouvements s'accompagnent d'activités volcaniques.

Les grands ensembles du relief sont en place à la fin de l'ère tertiaire et deux France s'opposent : une France alpine et pyrénéenne avec de hautes montagnes, une France hercynienne où voisinent massifs anciens rajeunis, bassins sédimentaires et plaines d'effondrement.

L'ère quaternaire : le temps des glaciers

L'aspect actuel du relief provient de modifications intervenues au cours des variations climatiques de l'ère quaternaire.

L'ère quaternaire (2 millions d'années) est marquée par la succession de quatre phases glaciaires alternant avec des périodes plus chaudes. Les montagnes au-dessus de 1 000 m sont alors couvertes de glaciers qui creusent des vallées en auge, des cirques, et accumulent des débris, des moraines, au pied des chaînes. De fines particules, arrachées aux moraines par le vent, le loess s'accumulent en Alsace et dans le Bassin parisien.

□ De nouvelles éruptions volcaniques se produisent jusque vers 5750 avant J.-C. et créent dans le Massif Central la chaîne des Puys.

□ Les variations du niveau de la mer, en liaison avec les phases climatiques, atteignent plusieurs dizaines de mètres, et provoquent le creusement des vallées fluviales. La disparition des glaciers, il y a plus de 10 000 ans, entraîne la dernière transgression marine, la transgression flandrienne qui donne naissance à la Manche tandis que les vallées inférieures des fleuves sont envahies par la mer.

■ Les contrecoups du surgissement pyrénéo-alpin

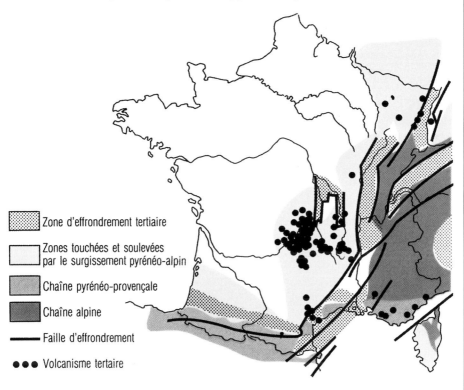

Zone d'effrondrement tertiaire

Zones touchées et soulevées
par le surgissement pyrénéo-alpin

Chaîne pyrénéo-provençale

Chaîne alpine

—— Faille d'effrondrement

●●● Volcanisme tertiaire

■ France hercynienne et France alpine

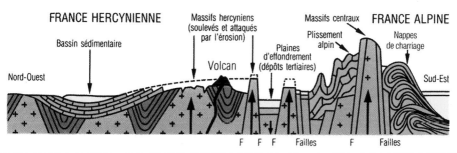

FRANCE HERCYNIENNE

Bassin sédimentaire

Nord-Ouest

Massifs hercyniens
(soulevés et attaqués
par l'érosion)

Volcan

Plaines
d'effondrement
(dépôts tertiaires)

Massifs centraux

Plissement
alpin

FRANCE ALPINE

Nappes
de charriage

Sud-Est

F   F   F   Failles   F   Failles

CADRE NATUREL

POPULATION

ORGANISATION

VIE ÉCONOMIQUE

COMMUNICATION

FRANCE ET MONDE

Grands ensembles du relief

Le relief français offre une grande variété de paysages. Il est modéré dans son ensemble. L'altitude moyenne de la France continentale est de 342 mètres. Près des deux tiers du territoire se situent en dessous de 250 m. Les reliefs supérieurs à 1 000 m occupent moins de 7 % de la surface du pays.

De vastes bassins sédimentaires

Le Bassin Aquitain. 80 000 km² (1/7ᵉ du territoire), altitude moyenne 135 mètres. Vaste étendue ouverte sur l'Atlantique, il se relève à près de 500 m au sud et à l'est où il s'appuie sur les Pyrénées et le Massif Central.

Le Bassin Parisien. 180 000 km² (près du tiers du territoire), altitude moyenne 178 mètres. C'est une vaste cuvette relevée vers l'est. Là, il atteint 500 m dans un relief de « côtes » en arcs de cercle où alternent talus et dépressions.

De vieilles montagnes aux sommets arrondis

Le Massif Armoricain. 70 000 km², altitude moyenne 104 mètres, Monts d'Arrée 384 m (7). C'est plus un plateau qu'une montagne.

Les Vosges. 8 700 km², altitude moyenne 530 mètres, Ballon de Guebwiller 1 424 m (6). Le versant abrupt dominant la plaine d'Alsace contraste avec le versant s'inclinant en pente douce vers la Lorraine.

Le Massif Central. 90 000 km² (1/6ᵉ du territoire), altitude moyenne 715 mètres, Puy de Sancy 1 886 m (4). C'est une grande dalle basculée, plus élevée à l'est où il surplombe le sillon rhodanien. Le long de failles orientées nord-sud, s'alignent des reliefs volcaniques : le Cantal, le plus important volcan européen et les 80 volcans de la chaîne des Puys.

Des montagnes récentes aux fortes dénivellations

La Corse. 8 500 km², altitude moyenne 570 mètres, mont Cinto 2 710 m (3).

Le Jura. 5 840 km², altitude moyenne 660 m, crêt de la Neige 1 718 m (5). Les plateaux qui s'élèvent en gradins entre 500 m et 1 000 m à l'ouest s'opposent à la chaîne plissée régulière qui domine la Suisse par un versant abrupt.

Les Pyrénées. 18 000 km², altitude moyenne 1 088 m, Pic Vignemale 3 298 m (2), 5 sommets supérieurs à 3 000 m, 21 km² de glaciers. C'est une chaîne massive au relief cloisonné dont la partie centrale, fortement marquée par l'empreinte glaciaire fait barrière aux communications.

Les Alpes. 35 000 km², altitude moyenne 1 121 m, Mont Blanc 4 807 m : point culminant européen (1), 5 sommets supérieurs à 4 000 m, 24 à plus de 3 000 m, 300 km² de glaciers. Les Alpes du nord, avec un relief ordonné en bandes orientées du nord-est au sud-ouest, s'opposent au relief plus confus des Alpes du sud. Un quadrillage de vallées en auge s'agence le long du vaste couloir glaciaire du sillon alpin. Il constitue de larges voies de pénétration qui facilitent les échanges dans le massif alpin.

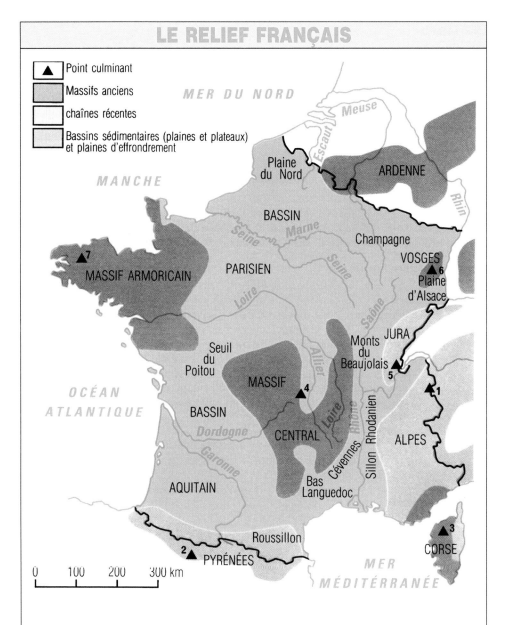

LE RELIEF FRANÇAIS

Légende :
- ▲ Point culminant
- Massifs anciens
- chaînes récentes
- Bassins sédimentaires (plaines et plateaux) et plaines d'effrondrement

MER DU NORD

MANCHE

Plaine du Nord

ARDENNE

Meuse

Escaut

Rhin

BASSIN

Seine

Marne

Champagne

VOSGES

▲6

Plaine d'Alsace

PARISIEN

Seine

MASSIF ARMORICAIN

▲7

Loire

Saône

JURA

Seuil du Poitou

Monts du Beaujolais ▲

▲5

Allier

▲1

OCÉAN ATLANTIQUE

BASSIN

MASSIF

▲4

Loire

Rhône

Sillon Rhodanien

ALPES

Dordogne

CENTRAL

Cévennes

Garonne

AQUITAIN

Bas Languedoc

Roussillon

▲3

CORSE

2▲ PYRÉNÉES

MER MÉDITÉRRANÉE

0   100   200   300 km

■ L'organisation du relief

Le relief s'organise de part et d'autre d'une ligne directrice qui dessine un S : crête des Vosges, plateau de Langres, crêtes des monts du Beaujolais, escarpement des Cévennes. Cette ligne jalonne la limite entre la France hercynienne et la France pyrénéo-alpine. Elle joue le rôle de ligne de partage des eaux et sépare les fleuves et rivières orientés vers l'Atlantique et ceux orientés vers la Méditerranée.

13

CADRE NATUREL

POPULATION

ORGANISATION

VIE ÉCONOMIQUE

COMMUNICATION

FRANCE ET MONDE

Les côtes françaises

Les côtes françaises s'allongent sur plus de 6 200 km si l'on tient compte des découpures. Elles offrent une grande variété de formes et de sites résultant de la diversité des reliefs de l'arrière-pays, de multiples natures de roches et de leur inégale résistance aux courants côtiers et à l'érosion marine.

Les marées

La marée se produit deux fois par jour avec un décalage de 50 mn chaque jour. Elle se manifeste par une montée des eaux qui dure environ 6 h, le flux, suivi d'une baisse des eaux de même durée, le reflux. Elle résulte de l'attraction exercée par la Lune et le Soleil sur la masse d'eau des océans.

Les mers bordières

☐ L'Océan Atlantique, la Manche et la Mer du Nord se caractérisent par de fortes marées, une plate-forme continentale qui s'élargit de Biarritz vers le nord, des masses d'eau tiédie par le courant chaud de la dérive nord-atlantique et une eau au taux de salinité moyen : 34,72 grammes de sel par litre.

☐ La Mer Méditerranée ne connaît que de très faibles marées. Sa plate-forme continentale, réduite dans le golfe du Lyon, disparaît à l'est de Toulon. Ses eaux sont plus chaudes et plus salées : plus de 37 grammes de sel par litre.

Le tracé actuel du rivage date d'il y a 6 000 à 8 000 ans quand, après la fonte des derniers glaciers, la mer a progressivement atteint son niveau actuel.

Les côtes rocheuses

☐ Les côtes rocheuses, souvent élevées, bordent un arrière-pays montagneux. Elles ont un tracé sinueux et très découpé : c'est le résultat de l'envahissement par la mer des parties basses du littoral.

☐ Les côtes bretonnes, parsemées d'ilôts et d'archipels, offrent de multiples baies et de nombreuses vallées fluviales ennoyées dans lesquelles s'engouffre la marée montante : on parle d'abers ou de rias.

☐ Les côtes provençales présentent d'étroits couloirs aux bords escarpés et taillés dans le calcaire. Ce sont des calanques que la mer a envahies.

Les côtes à falaises

Les côtes à falaises bordent les plateaux picards et normands. D'importantes parois verticales dominent des plages de galets.

Les côtes basses

Les côtes basses bordent les plaines. Elles sont sableuses et rectilignes en Flandre et dans les Landes où elles s'étirent en un cordon de dunes modelées par le vent. Elles sont sableuses et incurvées sur la côte languedocienne. Là, les courants côtiers ont construit des flèches de sable, des cordons littoraux qui ont isolé des étangs côtiers ou des nappes d'eau de mer (des lagunes) reliées à la Méditerranée par d'étroits passages (les graus).

TYPES DE CÔTES ET DE PLAGES

La force des marées varie dans l'année et selon les régions. Sur l'Océan Atlantique, l'écart du niveau marin entre la marée haute et la marée basse est partout supérieur à 4 mètres. Dans la baie du Mont-Saint-Michel il peut atteindre 16 mètres les jours de grande marée. La mer remonte alors à 30 km/h (8,3 m/s), soit la vitesse d'un cheval au galop.

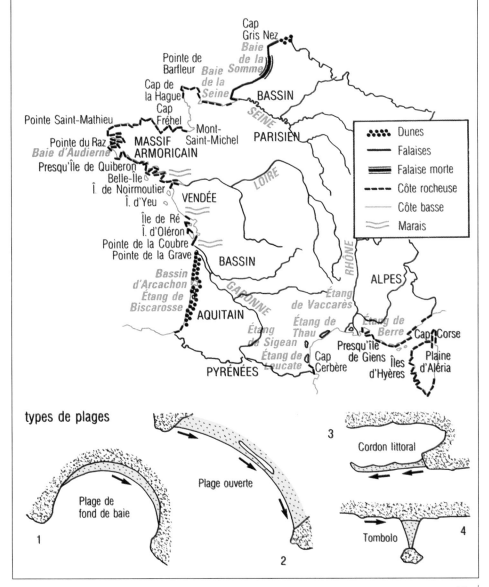

15

CADRE NATUREL

POPULATION

ORGANISATION

VIE ÉCONOMIQUE

COMMUNICATION

FRANCE ET MONDE

Les cours d'eau français

Les cours d'eau sont présents partout en France mais ils restent modestes par leurs dimensions et leurs débits.
Quatre grands bassins fluviaux (Seine, Loire, Garonne et Rhône) couvrent 63 % du territoire et représentent 70 % de l'écoulement total.

La Seine

Longueur 776 km, bassin 78 000 km², source à 471 m à St-Seine-l'Abbaye (Côte d'Or), débit à l'embouchure 500 m³/s. La Seine décrit de nombreux méandres dans de larges vallées alluviales. Elle connaît une période de hautes eaux en janvier/février et un étiage (débit le plus faible) en été. Son régime régulier n'empêche pas certaines années l'existence de grandes crues.

La Loire

Longueur 1 012 km, bassin 115 120 km², source à 1 408 m au Mont Gerbier des Joncs (Ardèche), débit à l'embouchure 935 m³/s. La Loire est un fleuve irrégulier aux crues brusques et violentes : la plupart de ses affluents descendent comme elle du Massif Central et reçoivent parfois simultanément des précipitations. Elle connaît une période de hautes eaux de décembre à mars, un étiage de juillet à septembre. Son cours moyen est encombré de bancs de sable.

La Garonne

Longueur 575 km dont 524 en France, bassin 56 000 km², source en Espagne à 1 872 m, débit à l'embouchure 680 m³/s. La Garonne, qui coule dans une large vallée alluviale en terrasses, a un régime très irrégulier. Quand à la fonte des neiges s'ajoutent des pluies océaniques, des crues catastrophiques se produisent. Elle connaît une période de hautes eaux de décembre à avril, un étiage d'août à septembre. À son embouchure, elle mélange ses eaux à la Dordogne pour former le plus vaste estuaire de France (72 km de long).

Le Rhône

Longueur 812 km dont 520 en France, bassin 97 800 km², source à 1 753 m en Suisse, débit à l'embouchure 1 780 m³/s. Le plus puissant des fleuves français est domestiqué par de nombreux aménagements. Abondant toute l'année en raison des régimes variés de ses affluents, il connaît une période de hautes eaux de mars à juillet et un étiage en août/septembre. Il se jette dans la Méditerranée au travers d'un delta de plus de 50 km constitué par ses alluvions.

Le Rhin

Longueur 1 300 km dont 190 sur la frontière française. Il a un débit de 1 100 m³/s à Strasbourg et connaît de hautes eaux en mai juin.

Grands bassins fluviaux

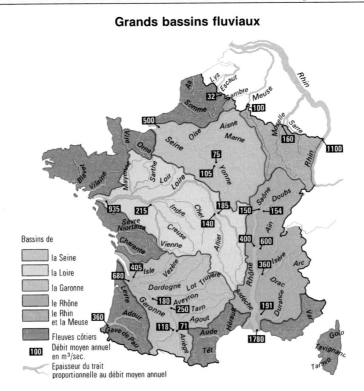

Bassins de
- la Seine
- la Loire
- la Garonne
- le Rhône
- le Rhin et la Meuse
- Fleuves côtiers

100 Débit moyen annuel en m³/sec.

Epaisseur du trait proportionnelle au débit moyen annuel

Les grands fleuves français

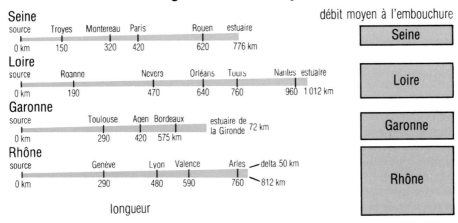

débit moyen à l'embouchure

Seine
source — Troyes — Montereau — Paris — Rouen — estuaire
0 km — 150 — 320 — 420 — 620 — 776 km

Seine

Loire
source — Roanne — Nevers — Orléans — Tours — Nantes estuaire
0 km — 190 — 470 — 640 — 760 — 960 — 1 012 km

Loire

Garonne
source — Toulouse — Agen — Bordeaux — estuaire de la Gironde 72 km
0 km — 290 — 420 — 575 km

Garonne

Rhône
source — Genève — Lyon — Valence — Arles — delta 50 km
0 km — 290 — 480 — 590 — 760 — 812 km

Rhône

longueur

| CADRE NATUREL |
| POPULATION |
| ORGANISATION |
| VIE ÉCONOMIQUE |
| COMMUNICATION |
| FRANCE ET MONDE |

Martinique, Guadeloupe, Réunion

Ces trois îles tropicales sont à la fois des départements (DOM) et régions d'outre-mer (ROM). Elles présentent des traits particuliers.

Des îles volcaniques

Ces îles, excepté la Grande-Terre de la Guadeloupe, sont marquées par un volcanisme toujours actif. Les craintes d'une éruption à La Soufrière (Guadeloupe) ont nécessité, en 1976, l'évacuation de 70 000 habitants de Basse-Terre. La Montagne Pelée a tué, en 1902, les 30 000 habitants de Saint-Pierre de la Martinique. Seul le Piton de la Fournaise (la Réunion) paraît moins menaçant. Les volcans laissent peu de place aux plaines reléguées sur le littoral ou au fond des vallées.

Des démographies semblables

Les populations créoles (nées dans les îles) sont issues d'un important métissage, ce qui n'empêche pas l'existence d'une hiérarchie sociale fondée sur les appartenances ethniques.

Les densités sont fortes sur les trois îles qui regroupent les trois quarts des effectifs des DOM et ROM : 252 habitants/km^2 en Guadeloupe, 292 à la Réunion, 350 en Martinique. En métropole, seuls 9 départements dépassent 252 h/km^2.

Les moins de 20 ans représentent 32 % des effectifs (25,1 % en métropole). Le nombre moyen d'enfants par femme est passé de plus de cinq en 1967 à moins de trois aujourd'hui. Mais la mortalité a chuté dans le même temps et l'accroissement naturel est resté nettement positif. Cela a provoqué une importante émigration vers la métropole où le nombre de natifs des DOM et ROM a été multiplié par 15 en 35 ans.

Ils sont aujourd'hui 336 000. Un Antillais sur quatre et un Réunionnais sur 6 habitent en France métropolitaine. 60 % des émigrés des DOM-TOM résident dans la région parisienne. Une vague de retours vers les îles s'observe cependant aujourd'hui pour les plus de 30 ans.

Des économies dépendantes

L'activité économique des îles est entièrement tournée vers la métropole.

L'agriculture essaie de développer à côté de productions traditionnelles héritées de l'économie de plantation (canne à sucre, rhum, banane) la culture de fruits tropicaux (avocat, citron vert) et de primeurs (aubergine) à destination du marché métropolitain.

L'industrie est presque inexistante. Elle souffre d'une totale dépendance énergétique pour les hydrocarbures importés, et des surcoûts salariaux : la main-d'œuvre est plus chère que dans les pays voisins. Le chômage est important, notamment chez les jeunes.

Les trois quarts du produit intérieur brut sont constitués par les aides et salaires versés depuis la métropole. Le tourisme apporte une contribution intéressante, sauf à la Réunion où il est encore embryonnaire.

18

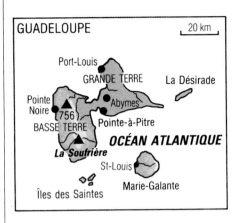

■ Guadeloupe

superficie : 1 702 km²
population : 428 000 h
densité : 252 h/km²
à 8 h 30 d'avion de Paris

Population active par secteur		part du PNB produite
agriculture	7 %	4 %
industrie	17 %	17 %
services	76 %	79 %

ressources : canne à sucre, rhum, banane, pêche, tourisme.

■ Martinique

superficie : 1 128 km²
population : 385 000 h
densité : 350 h/km²
à 8 h 30 d'avion de Paris

Population active par secteur		part du PNB produite
agriculture	7 %	4 %
industrie	15 %	15 %
services	78 %	81 %

ressources : rhum, banane, ananas, pétrole raffiné, ciment, tourisme.

■ Réunion

superficie : 2 510 km²
population : 733 000 h
densité : 292 h/km²
à 14 h 20 d'avion de Paris

Population active par secteur		part du PNB produite
agriculture	5 %	3 %
industrie	15 %	13 %
services	80 %	84 %

ressources : sucre de canne, parfum, rhum, vanille.

CADRE NATUREL

POPULATION

ORGANISATION

VIE ÉCONOMIQUE

COMMUNICATION

FRANCE ET MONDE

La Guyane et les autres COM ou TOM

Les statuts de l'outre-mer français ont été réorganisés en DOM et ROM, COM ou TOM (collectivités ou territoires d'outre-mer). Seule la Nouvelle-Calédonie a un statut particulier.

La Guyane (DOM et ROM)

La Guyane est située au nord-est de l'Amérique du Sud. Le climat équatorial favorise le développement d'une luxuriante forêt qui couvre 82 % du sol. La population est composée de blancs, de noirs, d'indiens et de réfugiés du sud-est asiatique. Elle est concentrée dans une étroite bande côtière. Avec une agriculture qui ne couvre pas ses besoins et une forêt mal exploitée, la Guyane vit suspendue au succès du programme Ariane-espace qui conditionne le maintien de la base de Kourou et représente plus du quart du PIB.

La Nouvelle-Calédonie (statut particulier)

La Nouvelle-Calédonie est une île montagneuse située à 1 500 km à l'est de l'Australie. Elle bénéficie d'un climat tropical salubre. Sa population est constituée d'indigènes, les canaques, qui représentent 44 % de la population, d'européens (34 %) et de peuples des îles voisines (22 %).

L'agriculture calédonienne ne couvre, en valeur, que le tiers des besoins alimentaires du territoire. La prospérité de l'île repose sur la production de nickel dont elle renferme le quart des réserves mondiales.

Les archipels du Pacifique, Mayotte, St Pierre et Miquelon (COM)

La Polynésie française est constituée par 5 archipels qui regroupent 140 îles d'origines volcaniques ou coralliennes (atolls). Les polynésiens de souche représentent 80 % de la population. Les indigènes vivent de la pêche et de la culture de la noix de coco, mais l'agriculture est insuffisante pour nourrir la population. Le centre d'expérimentation du Pacifique, puis la subvention compensatoire à la fermeture du centre nucléaire de Mururoa, ont créé une fragile prospérité.

Les 255 km^2 de l'archipel de **Wallis-et-Futuna** ne permettent pas de nourrir une population de 14 200 personnes : les jeunes s'exilent.

Mayotte (375 km^2, 160 000 h) : les ressources de cette île des Comores sont agricoles (noix de coco, vanille et plantes à parfum).

Saint-Pierre-et-Miquelon (242 km^2, 7 000 h) : ce petit archipel au sud de Terre-Neuve a un climat froid qui empêche toute culture. Ses ressources proviennent d'une pêche très active et du tourisme canadien et américain.

Les Terres australes (TOM)

Les Terres australes et antarctiques françaises (TAAF) et la Terre Adélie, tranche de la calotte glaciaire du pôle sud, n'abritent que des stations scientifiques.

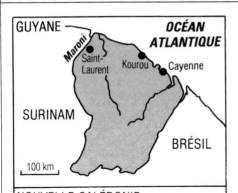

■ Guyane

superficie : 91 000 km²
population : 161 000 h
densité : 2 h/km²
à 8 h 50 d'avion de Paris

Population active par secteur		part du PNB produite
agriculture	6 %	6 %
industrie	16 %	21 %
services	78 %	73 %

ressource : base aérospatiale.

■ Nouvelle-Calédonie

superficie : 19 058 km²
population : 213 000 h
densité : 12 h/km²
à 23 h 45 d'avion de Paris

Population active par secteur		part du PNB produite
agriculture	7 %	2 %
industrie	23 %	21 %
services	70 %	77 %

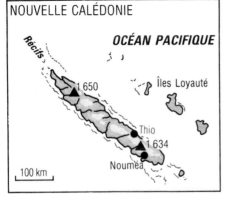

ressources : nickel, minerai de chrome.

■ Polynésie française

superficie : 4 000 km²
dont 3 265 d'îles habitées.
population : 235 200 h
densité : 59 h/km²
à 23 h 20 d'avion de Paris.

Population active par secteur		part du PNB produite
agriculture	14 %	6 %
industrie	16 %	18 %
services	70 %	76 %

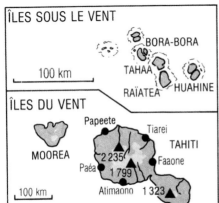

ressources : coprah, vanille, tourisme.

CADRE NATUREL

POPULATION

ORGANISATION

VIE ÉCONOMIQUE

COMMUNICATION

FRANCE ET MONDE

L'atmosphère

L'atmosphère est la couche d'air qui entoure la Terre. Les phénomènes météorologiques que nous subissons se moquent des frontières. Le temps qu'il fait sur la France dépend de centres de pression qui se forment à des milliers de kilomètres, et de la circulation atmosphérique planétaire.

L'air qui nous entoure

L'air est composé de gaz permanents : l'azote et l'oxygène (pour 99 %) et de gaz à concentration variable : la vapeur d'eau, l'ozone et le gaz carbonique. Il contient aussi, en suspension, un grand nombre de particules microscopiques : débris minéraux, pollens, cendres, poussières volcaniques ou industrielles. L'air que nous respirons renferme 100 000 grains de poussière par cm³. L'air pur 1 000 fois moins, mais on ne le rencontre qu'au-dessus des océans, ou qu'au-delà de 4 000 mètres d'altitude.

L'air a un poids et exerce une pression. Chaque cm² de surface terrestre en bord de mer supporte une colonne d'air de 1 kg.

La structure verticale de l'atmosphère

L'irrégularité de la répartition des molécules d'air provoque des variations de température qui permettent de distinguer plusieurs couches.

☐ La couche d'ozone fait effet de filtre régulateur en absorbant la plus grande partie des radiations ultra-violettes émises par le Soleil.

☐ C'est aux environs de 30 km que le ciel devient complètement noir. La densité de l'air est infime, or c'est la diffusion privilégiée par les molécules d'air des radiations courtes (bleues et violettes) émises par le soleil, qui font que notre ciel est bleu.

☐ C'est la couche turbulente de l'atmosphère dans laquelle se développent pratiquement tous les phénomènes météorologiques. Elle concentre la plus grande part du gaz carbonique et la quasi-totalité de la vapeur d'eau. De ce fait, elle conserve la chaleur solaire réfléchie par le sol.

Dans la troposphère, la température diminue de 1° par 100 m en air sec, de 0,5° en air humide.

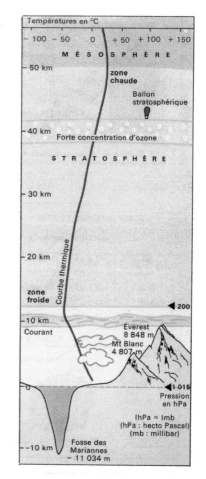

Températures en °C

− 100 − 50   0   + 50 + 100 + 150

MÉSOSPHÈRE

− 50 km   zone chaude

Ballon stratosphérique

− 40 km   Forte concentration d'ozone

STRATOSPHÈRE

− 30 km

− 20 km   Courbe thermique

zone froide   ◄ 200

− 10 km   Éverest 8 848 m
Courant   Mt Blanc 4 807 m

◄ 1 015
Pression en hPa

1hPa = 1mb
(hPa : hecto Pascal)
(mb : millibar)

− 10 km   Fosse des Mariannes − 11 034 m

22

■ Un mécanisme complexe et multiple

La circulation atmosphérique résulte de gigantesques échanges entre masses d'air de température et de pression inégales.

Les rayons du Soleil donnent vie au moteur thermique qui organise la circulation atmosphérique. Ce sont eux qui sont à l'origine des importants mouvements verticaux et horizontaux qui déterminent les déplacements des masses d'air.

■ Les rayons du Soleil

Le rayonnement solaire varie à la surface de la Terre : en durée selon la saison, en intensité selon l'heure, mais aussi surtout selon l'angle que font les rayons du soleil en arrivant au sol.

Le rayonnement solaire

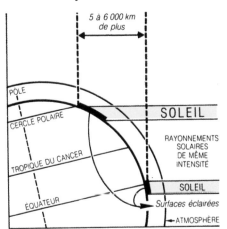

Plus la surface éclairée est petite, plus les apports en température sont forts. Ainsi s'explique la chaleur de la zone équatoriale et a contrario le froid des zones polaires.

■ Des déplacements verticaux et horizontaux

L'air chaud, plus léger, a tendance à s'élever. Il crée au niveau du sol un vide relatif, une zone de basse pression.

L'air froid, plus lourd, a tendance à descendre. Il se crée, au sol, une zone de haute pression.

Structure schématique des mouvements verticaux et horizontaux de l'atmosphère

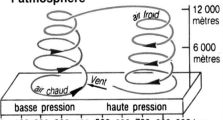

Le vent est un phénomène qui se déroule au sol. Les jours de vent, l'air s'écoule des zones de hautes pressions vers les zones de basses pressions.

■ Dans le ciel de France

La France, par sa superficie réduite, n'est pas une zone au-dessus de laquelle se forment des masses d'air à caractères stables et permanents. Son ciel est donc agité de mouvements qui dépendent de la circulation atmosphérique planétaire et résultent de l'affrontement entre les masses d'air froid des régions polaires et les masses d'air chaud des régions tropicales.

> Le temps qu'il fait sur la France est le plus souvent déterminé par l'affrontement entre la zone de haute pression de l'anticyclone des Açores et la zone de basse pression de la dépression stationnée sur l'Islande.

CADRE NATUREL

POPULATION

ORGANISATION

VIE ÉCONOMIQUE

COMMUNICATION

FRANCE ET MONDE

Fronts et vents

Le ciel de France est un espace ouvert où d'importantes masses d'air s'opposent sur des fronts d'une grande mobilité, où de nombreux vents soufflent des quatre points cardinaux. Les vents d'ouest sont cependant prédominants. Nés de courants aériens en provenance de l'Atlantique, ils sont tièdes l'hiver, frais l'été.

Les fronts

Un front est la zone de contact entre deux masses d'air qui se rencontrent alors qu'elles n'ont pas la même température, ni le même degré d'humidité.

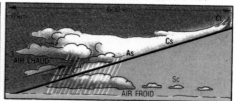

COUPE D'UN FRONT FROID
la masse d'air froid repousse la masse d'air chaud

COUPE D'UN FRONT CHAUD
la masse d'air chaud repousse la masse d'air froid

Ac-Altocumulus Cb-Cumulonimbus Sc-Statocumulus Cu-Cumulus Ns-Nimbostratus As-Altostratus Cs-Cirrostratus Ci-Cirrus

Trois fronts principaux dans le ciel de France

Le front polaire sépare l'air provenant du cercle polaire de l'air tropical.

Le front arctique sépare l'air stagnant d'habitude au-dessus du Pôle Nord de l'air voisin du cercle polaire. Ce front peut atteindre la Méditerranée. La France connaît alors de fortes gelées.

Le front méditerranéen est, en hiver, au contact de l'air polaire continental et de l'air méditerranéen tiède.

Le vent

Le vent est un déplacement d'air qui s'écoule des zones de haute pression (anticyclones) vers les zones de basse pression (dépressions).

À cause de la rotation de la Terre, les vents de l'hémisphère Nord tournent, autour d'un anticyclone, dans le sens des aiguilles d'une montre, autour d'une dépression, dans le sens contraire des aiguilles d'une montre.

La force du vent est exprimée en degrés Beaufort, du nom de son inventeur en 1906, l'amiral britannique sir Francis Beaufort.

L'échelle de Beaufort

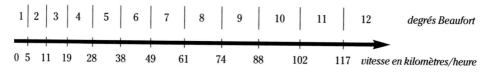

| 1 | 2 | 3 | 4 | 5 | 6 | 7 | 8 | 9 | 10 | 11 | 12 | *degrés Beaufort* |

0 5 11 19 28 38 49 61 74 88 102 117 *vitesse en kilomètres/heure*

55 : nombre de jours avec rafales de vent
dépassant 57 km/h (force 7)

Bise
⇨ : nom et direction d'un vent régional.

CADRE NATUREL

POPULATION

ORGANISATION

VIE ÉCONOMIQUE

COMMUNICATION

FRANCE ET MONDE

Les nuages

> **Les nuages sont des amas de gouttelettes d'eau. Ils couvrent en permanence les deux tiers de la surface terrestre.**
> **Le ciel français est traversé par une dizaine de types de nuages qui accompagnent souvent le passage de perturbations atmosphériques et amènent alors des précipitations.**

La naissance d'un nuage

Une masse d'air, quand elle est chaude, quand elle doit franchir un relief, s'élève. La vapeur d'eau en suspension dans l'air est d'abord entraînée par le mouvement ascendant. Mais en prenant de l'altitude, l'air se refroidit. La vapeur d'eau en suspension a alors tendance à se condenser sous forme de très fines gouttelettes, qui s'amassent. Leur nombre varie de 1 000 à 1 500 par cm³ ! Un nuage est né.

Les nuages du niveau supérieur (6 000 à 12 000 m d'altitude)

Les nuages du niveau supérieur sont constitués de cristaux de glace. Très minces, ils ne parviennent pas à masquer l'éclat du soleil.
Les cirrus se présentent sous la forme d'étroits filaments blancs.
Les cirro-stratus et les cirro-cumulus couvrent le ciel d'un mince voile transparent et laiteux.

Les nuages du niveau moyen (2 000 à 6 000 m d'altitude)

Les nuages du niveau moyen donnent des pluies continues et durables.
Les altocumulus se présentent sous la forme de nappes blanches ou grises dans lesquelles les nuages dessinent des galets, des rouleaux.
Les altostratus donnent au ciel une couleur grisâtre ou bleuâtre.

Les nuages du niveau inférieur (moins de 2 000 m d'altitude)

Les nuages du niveau inférieur masquent le soleil et donnent des pluies occasionnelles (strato-cumulus) ou durables (nimbo-stratus).
Les stratus se présentent sous la forme d'une couche nuageuse uniforme et grise qui s'accompagne de brumes et de brouillards.
Les nimbro-stratus font un ciel sombre, gris et menaçant. Le soleil est totalement absent, la visibilité mauvaise, les horizons flous.
Les strato-cumulus se présentent sous la forme de gros rouleaux blanchâtres disposés régulièrement les uns à côté des autres.

Les nuages à développement vertical (de 500 à 12 000 m d'altitude)

Les cumulus, gros paquets de coton isolés et oubliés dans le ciel, présentent le blanc éclatant de leurs parties éclairées qui contrastent avec leur base plus sombre. Ce sont les nuages du beau temps.
Les cumulo-nimbus ont la forme de tours. La partie la plus élevée, constituée de cristaux de glace, prend la forme d'une enclume. Ces nuages, nés de puissants mouvements verticaux de l'air, s'accompagnent d'orages, de violentes averses de pluie ou de grêle.

■ Les types de nuages

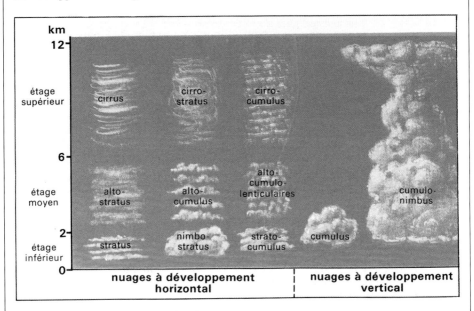

■ Le passage d'une perturbation

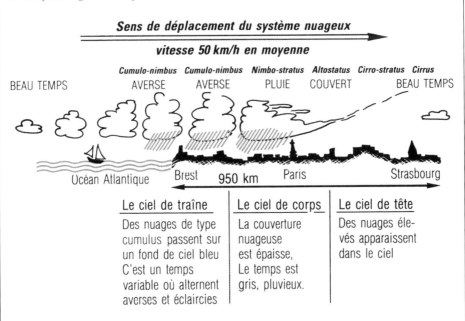

Le ciel de traîne	Le ciel de corps	Le ciel de tête
Des nuages de type cumulus passent sur un fond de ciel bleu C'est un temps variable où alternent averses et éclaircies	La couverture nuageuse est épaisse, Le temps est gris, pluvieux.	Des nuages élevés apparaissent dans le ciel

CADRE NATUREL

POPULATION

ORGANISATION

VIE ÉCONOMIQUE

COMMUNICATION

FRANCE ET MONDE

Les précipitations

Le territoire français reçoit en moyenne annuelle 450 milliards de m³ d'eau sous forme de pluies ou de neige. La répartition dans l'année est plus importante pour les activités humaines que les seuls volumes. Pour l'ensemble de l'Hexagone, l'automne est la saison la plus arrosée, suivi de l'été et du printemps.

Le déclenchement de la pluie

Tout nuage ne s'accompagne pas forcément de précipitations. Celles-ci ne se déclenchent que lorsque les gouttelettes, en train de s'amasser, atteignent un diamètre supérieur à 1 ou 2/10ᵉ de mm. Les gouttes amorcent alors une chute verticale, font d'innombrables rencontres avec des gouttelettes et grossissent au point d'atteindre au sol 0,5 mm de diamètre pour des pluies fines, 2 à 6 mm pour des averses violentes.

La vitesse de chute des gouttes d'eau varie selon leur diamètre. Elle peut se situer autour de 1 m/s, soit 3,6 km/h pour une pluie fine. Elle peut approcher 12 m/s soit plus de 43 km/h pour une grosse averse.

La neige et la grêle

Les précipitations tombent sous forme de neige quand les basses couches de l'atmosphère sont froides, sous forme de grêle (gouttes d'eau gelées) quand le mouvement vertical de l'air a été très rapide à l'intérieur d'un nuage.

Au moment de sa formation, la neige a une structure hexagonale, mais elle prend, en se rapprochant du sol, l'aspect de flocons aux formes les plus diverses. La vitesse de chute d'un flocon de neige est relativement faible, 2 km/h, en raison de sa résistance à l'air.

L'orage

L'orage est une pluie violente accompagnée de décharges électriques. Il éclate l'été après la rencontre d'une masse d'air très chaude et d'une masse d'air bien plus froide. Cela provoque la formation d'un cumulo-nimbus, un nuage à grand développement vertical.

Les éclairs et le tonnerre ponctuent l'orage. Dans des nuages gorgés d'électricité statique, l'éclair est une étincelle de décharge électrique entre un nuage et le sol, entre deux ou plusieurs nuages. Le tonnerre, c'est le bruit de la dilatation de l'air porté à des dizaines de milliers de degrés le long de la décharge. La perception de l'éclair est instantanée alors que l'on entend le tonnerre avec un léger retard : le son se propage dans l'air à 300 m/s alors que la lumière se déplace un million de fois plus rapidement.

L'arc-en-ciel

L'arc-en-ciel est visible lorsque le soleil, assez bas sur l'horizon, éclaire à son opposé un écran de pluie. Le rayonnement solaire frappe les gouttelettes d'eau qui le réfléchissent. La lumière blanche renvoyée est alors décomposée dans les sept couleurs de l'arc-en-ciel.

Précipitations annuelles

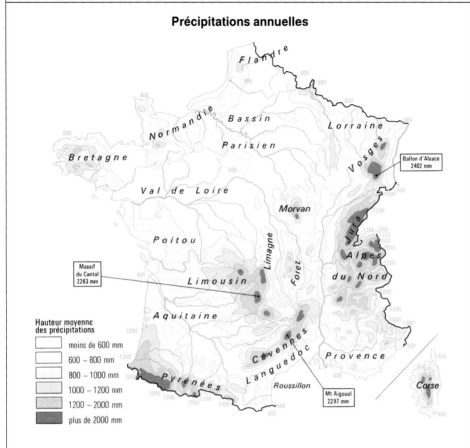

Hauteur moyenne des précipitations

- moins de 600 mm
- 600 – 800 mm
- 800 – 1000 mm
- 1000 – 1200 mm
- 1200 – 2000 mm
- plus de 2000 mm

Ballon d'Alsace 2402 mm

Massif du Cantal 2263 mm

Mt Aigoual 2297 mm

■ La répartition territoriale

La répartition territoriale des précipitations est très inégale. En fait, elle reproduit, avec netteté, la carte du relief.

Les pluies sont essentiellement amenées par des vents d'ouest. Les hauteurs littorales et les montagnes, qui contraignent les masses d'air à s'élever, provoquent des précipitations. Elles reçoivent plus d'un mètre d'eau. Les sommets des montagnes plus de deux mètres.

Les principaux reliefs, orientés nord-sud, bloquent les pluies sur leurs versants exposés à l'ouest et font ainsi écran pour les zones plus basses situées à l'est. Ces zones reçoivent moins de 600 mm d'eau. C'est le cas de la plaine d'Alsace, de la Limagne, de l'ouest du Bassin Parisien, des côtes languedocienne et provençale.

■ La pluie à Paris

hauteur des pluies en mm	maximum	minimum
juin	138 (1873)	1 (1976)
juillet	168 (1972)	6 (1949)
août	161 (1931)	3 (1940)
septembre	149 (1896)	0 (1895)
dans l'année	880 (1965)	270 (1921)

CADRE NATUREL

POPULATION

ORGANISATION

VIE ÉCONOMIQUE

COMMUNICATION

FRANCE ET MONDE

Les températures

Les températures sont, dans leur ensemble, modérées. Les moyennes annuelles ne sont inférieures à 10° qu'au nord du pays et ne dépassent 15° qu'en bordure de la mer Méditerranée. Cette modération n'empêche pas les températures extrêmes : on a relevé jusqu'à – 30° en Alsace, jusqu'à + 43° à Toulouse.

Température et latitude

Située entre 42° et 51° de latitude nord, à mi-chemin entre l'Équateur et le Pôle Nord, la France bénéficie de températures modérées qui vont en augmentant du nord vers le sud.

Lille (50,38° de latitude N) connaît des températures moyennes de 2°9 en janvier et de 17°3 en juillet. À Nice (43,42° de latitude N) elles sont de 8°3 en janvier et de 22°6 en juillet.

Températures et influences océaniques

Située à l'ouest de l'Europe, la France est soumise à l'influence océanique. L'océan en se réchauffant et en se refroidissant plus lentement que les terres, modère et régule les températures.

En hiver, les eaux de l'Atlantique, attiédies par le courant chaud de la dérive nord-atlantique modèrent les effets de la latitude et l'ensemble des côtes, du Cotentin au Pays Basque, connaissent des températures variant de 6 et 8°. Cette influence adoucissante s'atténue au fur et à mesure que l'on va vers l'est. À une latitude voisine de 48° N, les moyennes de janvier sont de 7°4 à Brest (4,29° longitude ouest), de 3° à Paris (2,2° de longitude est) et de 0,9° à Strasbourg (7,45° de longitude est).

En été, l'influence modératrice de l'océan Atlantique produit des effets inverses et les températures croissent d'ouest en est. La moyenne de juillet est de 16°8 à Brest, 17°9 à Paris et de 19°2 à Strasbourg.

L'amplitude thermique annuelle (écart janvier/juillet) met bien en évidence l'influence océanique sur les variations de températures. Entre Brest et Strasbourg l'amplitude thermique varie de 10° à 20°, du simple au double.

Température et altitude

La disposition du relief transparaît sur une carte des températures moyennes enregistrées en France : malgré les fortes influences de la latitude et de l'océan, l'altitude provoque un abaissement progressif des températures. Seules les régions montagneuses connaissent des températures inférieures à 0° en janvier et à 16° en juillet.

Les records de température

Température la plus élevée	Température la plus basse
44° Toulouse, Haute-Garonne, 8.8.1923 42°8 Montpellier, Hérault, 19.7.1904 42° Bergerac, Dordogne, 12.7.1949 pour Paris 40°4 le 28.7.1947	– 36°7 Mouthe, Doubs, 13.1.1968 – 33° Langres, Hte-Marne, 9.12.1879 – 31° Granges-Ste-Marie, 2.1.1971 pour Paris – 23°9 le 10.12.1879

nombre de jours sans dégel
nombre de jours de gel
moyennes de janvier

nombre de jours sans rayon de soleil
nombre d'heures de soleil dans l'année
moyennes de juillet

		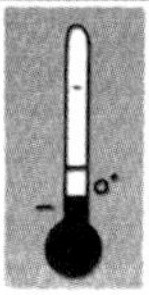	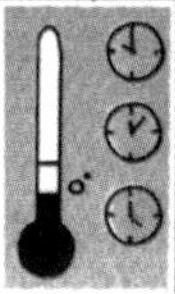		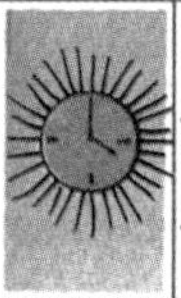	
AJACCIO	8°4	12	0	23	2 811	23°5
AMIENS	3°5	50	8	70	1 648	16°5
BESANÇON	1°5	71	13	66	1 897	18°5
BORDEAUX	5°9	41	2	39	2 076	21°2
BREST	7°4	17	0	58	1 757	16°8
CAEN	4°5	41	4	51	1 777	16°5
CHÂLONS/MARNE	2°5	64	12	70	1 657	17°5
CLERMONT-FERRAND	3°	72	9	47	1 899	19°
DIJON	1°	66	12	60	1 934	19°5
LILLE	2°9	58	9	74	1 641	17°3
LIMOGES	3°5	74	6	58	1 853	18°
LYON	2°4	59	10	59	2 036	20°7
MARSEILLE	6°	29	1	21	2 866	23°1
METZ	1°5	75	13	70	1 613	18°5
MONTPELLIER	6°5	35	1	31	2 709	22°5
NANTES	5°4	39	2	48	1 901	19°
ORLÉANS	3°	63	8	56	1 799	18°
PARIS	3°	32	6	66	1 814	17°9
POITIERS	4°	54	5	47	2 024	19°
ROUEN	3°5	55	6	73	1 694	18°
STRASBOURG	0°9	79	18	81	1 696	19°2
TOULOUSE	5°1	42	3	42	2 081	21°4

un an = 8 760 h

CADRE NATUREL

POPULATION

ORGANISATION

VIE ÉCONOMIQUE

COMMUNICATION

FRANCE ET MONDE

Lire une carte météo

Les 230 répondeurs automatiques de la Météorologie nationale reçoivent chaque année 30 millions d'appels. La presse écrite quotidienne a sa rubrique météo, et les présentateurs des bulletins météo de la radio et de la TV sont des vedettes dont on guette les moindres erreurs de prévision.

L'établissement de la carte du temps

La Météorologie nationale a été créée sous sa forme actuelle en 1945, mais elle existe en fait depuis 1796. Elle emploie, en France et en outre-mer, plus de 3 500 personnes et dispose d'un matériel impressionnant : 3 816 pluviomètres, 1 722 thermomètres et hygromètres sous abri, 285 anémomètres-girouettes, 241 héliographes (durée d'insolation) et 92 télémètres de nuages (hauteur de la base d'un nuage au-dessus du sol).

L'établissement de la carte du temps commence vers 2 heures du matin. Les informations du satellite européen Météosat, en orbite géostationnaire à 36 000 km de la Terre, et les relevés des 3 000 postes climatologiques au sol sont regroupés, dans un ordinateur, à Paris. Ce super ordinateur, le Cray-2, est capable de traiter un milliard d'opérations à la seconde. Vers 6 heures du matin, les calculs effectués sortent sous forme de cartes de pression atmosphérique, de température... Ces cartes sont interprétées par un météorologiste pour l'ensemble de la France.

Des informations aux prévisions météorologiques

Les informations contenues dans une carte météorologique		Les prévisions que l'on peut établir à partir des informations relevées
A 1030	**Les anticyclones :** les points où l'on relève une forte pression atmosphérique.	Les anticyclones correspondent à des zones de temps calme, mais pas obligatoirement ensoleillé.
D 995	**Les dépressions :** les points où l'on constate une pression atmosphérique inférieure à 1 015 mb ou hPa (unité de mesure : le millibar ou l'hecto Pascal).	Les dépressions correspondent généralement à des zones de temps perturbé, souvent nuageux et pluvieux.
▲▲▲ FRONT FROID ●●● FRONT CHAUD	**Les fronts :** zones de contact entre masses d'air.	Les fronts chauds ou froids correspondent à de grandes zones nuageuses ou pluvieuses. Les pluies se produisent sur une bonne centaine de kilomètres de part et d'autre de la ligne frontale.
1015 1020 1025	**Les lignes isobares**, c'est-à-dire les lignes où la pression atmosphérique est la même.	Les lignes isobares donnent la direction et la force du vent. La direction du vent est parallèle aux isobares. Sa force est d'autant plus grande que les isobares sont rapprochées.

Des informations relevées...

SITUATION LE 5 MAI 1987 À 0 HEURE TU

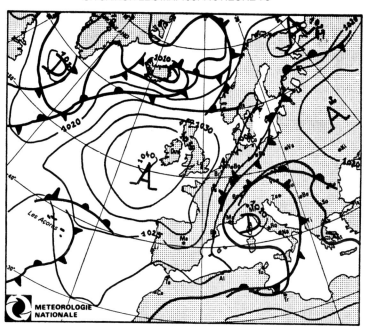

Front froid ▲▲▲ Isobare ――――― Anticyclone **A** Front occlus ▲●▲

Front chaud ●●● 1015 hPa ――― Dépression **D**

Un front est occlus quand deux masses d'air de même température sont sur le point de se rejoindre.

... aux prévisions établies

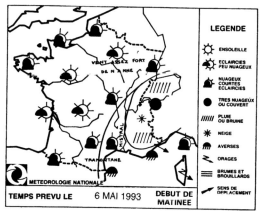

LEGENDE

☼ ENSOLEILLÉ

☀ ÉCLAIRCIES PEU NUAGEUX

☁ NUAGEUX COURTES ÉCLAIRCIES

● TRÈS NUAGEUX OU COUVERT

///// PLUIE OU BRUINE

✳ NEIGE

〰 AVERSES

≷ ORAGES

≡ BRUMES ET BROUILLARDS

➹ SENS DE DÉPLACEMENT

METEOROLOGIE NATIONALE

TEMPS PREVU LE 6 MAI 1993 **DEBUT DE MATINEE**

Evolution probable du temps en France

Mercredi : la situation s'améliorera nettement sur une grande partie de la France.

Sur les régions de la moitié ouest, nuages et éclaircies se partageront le ciel. Toutefois, on ne verra guère le soleil en matinée près de la Manche et sur les Pyrénées, où les nuages resteront accrochés.

De l'Alsace et de la Lorraine au Massif Central, aux Alpes et au Jura, il pleuvra encore le matin, la limite pluie-neige se situant entre 1 000 et 1 500 mètres d'altitude. Des éclaircies commenceront à se développer dans l'après-midi, excepté sur le massif alpin où des chutes de pluie où de neige intermittentes se produiront encore.

Sur le Languedoc-Roussillon, la Provence-Côte d'Azur et la Corse, le temps restera nuageux et instable, avec des averses près du golfe du Lion, des orages de la Côte d'Azur à la Corse.

Mistral et tramontane souffleront toujours fort, tandis qu'un vent de nord assez soutenu persistera sur le reste du pays.

CADRE NATUREL

POPULATION

ORGANISATION

VIE ÉCONOMIQUE

COMMUNICATION

FRANCE ET MONDE

Les climats français

À mi-chemin enre l'Équateur et le Pôle Nord et à l'ouest du continent européen, la France bénéficie d'un climat tempéré. Trois types de climats se partagent le territoire : le climat océanique, le climat semi-continental, le climat méditerranéen, auxquels s'ajoute, relief oblige, le climat de montagne.

Le climat océanique pur : le type breton

Le climat océanique couvre près des 2/3 du territoire, tout l'ouest français. Douceur et humidité sont ses caractéristiques principales.

Les températures sont douces l'hiver, fraîches l'été. Le nombre d'heures de soleil est plus important à proximité des côtes.

Le total des précipitations n'est pas très élevé (autour de 800 mm), mais des vents d'ouest dominants apportent une pluie fine et persistante, « le crachin », qui tombe de 150 à 200 jours par an.

Les nuances du climat océanique

Le climat océanique se nuance en fonction de la latitude et de l'éloignement à l'intérieur des terres. Trois variantes se dégagent :

☐ Le type flamand, au nord, avec des hivers plus froids et des étés pluvieux.

☐ Le type aquitain, dans le Sud-Ouest, avec des étés plus chauds et plus secs, des automnes lumineux et des printemps souvent pluvieux.

☐ Le type parisien avec des étés plus chauds, des hivers plus froids.

Les écarts de température juillet-janvier augmentent en allant vers l'Est. Les précipitations sont moins importantes.

Le climat à tendance semi-continentale

Le climat à tendance semi-continentale est établi dans l'Est et dans les vallées à l'abri des vents d'ouest. Il se caractérise par des étés chauds et orageux, des hivers froids et souvent enneigés. Les écarts de température juillet-janvier dépassent 18°. Les précipitations tombent en été.

Le climat méditerranéen

Le climat méditerranéen domine les zones bordières de la Mer Méditerranée, protégées des influences océaniques par les montagnes. Il se caractérise par un intense rayonnement solaire (2 600 à 2 800 heures), par une sécheresse estivale (parfois 3 mois sans pluie), et par des hivers très doux. Les précipitations se répartissent en moins de 100 jours et tombent sous forme de violentes averses en automne et au printemps.

Le climat de montagne

Le climat de montagne s'étend sur les régions élevées des massifs français. Il se caractérise par le froid et la longueur de l'hiver, qui s'accentuent avec l'altitude, par des précipitations abondantes (plus de 2 000 mm), par un important enneigement hivernal qui domine des Vosges à la Corse.

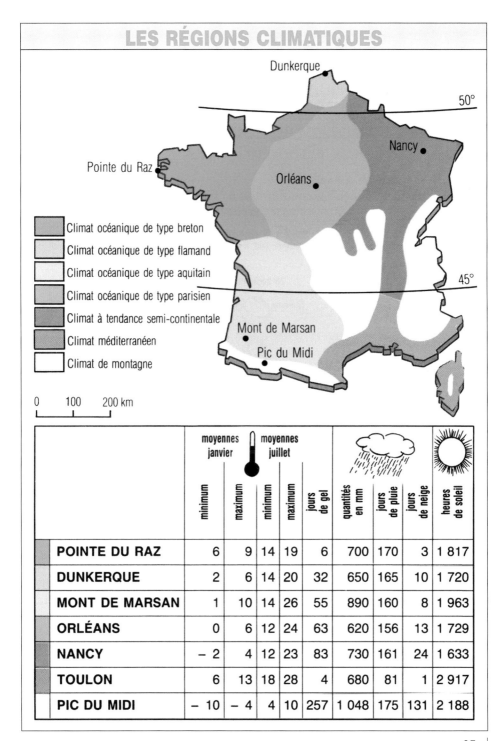

Dunkerque

50°

Nancy

Pointe du Raz

Orléans

Climat océanique de type breton
Climat océanique de type flamand
Climat océanique de type aquitain
Climat océanique de type parisien
Climat à tendance semi-continentale
Climat méditerranéen
Climat de montagne

45°

Mont de Marsan
Pic du Midi

0   100   200 km

	moyennes janvier		moyennes juillet						
	minimum	maximum	minimum	maximum	jours de gel	quantités en mm	jours de pluie	jours de neige	heures de soleil
POINTE DU RAZ	6	9	14	19	6	700	170	3	1 817
DUNKERQUE	2	6	14	20	32	650	165	10	1 720
MONT DE MARSAN	1	10	14	26	55	890	160	8	1 963
ORLÉANS	0	6	12	24	63	620	156	13	1 729
NANCY	– 2	4	12	23	83	730	161	24	1 633
TOULON	6	13	18	28	4	680	81	1	2 917
PIC DU MIDI	– 10	– 4	4	10	257	1 048	175	131	2 188

CADRE NATUREL
POPULATION
ORGANISATION
VIE ÉCONOMIQUE
COMMUNICATION
FRANCE ET MONDE

Les saisons

> **Quatre saisons de trois mois se succèdent dans l'année : le printemps, l'été, l'automne et l'hiver. Cette distinction se fonde sur la position de la Terre par rapport au Soleil.**
> **Les passages d'une saison à l'autre se font de manière progressive.**

▬▬▬ Le mécanisme des saisons

À chaque saison, le Français associe un certain type de temps, à tel point qu'il peut affirmer que l'on a bien... ou que l'on n'a vraiment pas un temps de saison.

1. Soleil à la verticale de l'Équateur à midi　　**2. Soleil à la verticale du tropique Sud à midi**　　**3. Soleil à la verticale du tropique Nord à midi**

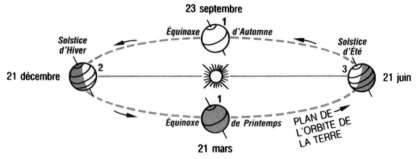

Il y a des saisons parce que l'axe de rotation de la Terre n'est pas perpendiculaire au plan de son orbite. Dans sa révolution autour du Soleil, la Terre ne se présente pas de la même façon au rayonnement solaire. La durée des jours et des nuits varie. L'intensité de l'ensoleillement aussi (voir page 23).

▬▬▬ Les équinoxes et les solstices

Deux fois par an, le 21 mars et le 23 septembre, les rayons du Soleil frappent perpendiculairement la Terre au niveau de l'Équateur. La durée du jour est égale à celle de la nuit pour l'ensemble de la Terre. C'est **l'équinoxe de printemps ou d'automne**.

Le 21 juin, les rayons du soleil sont à la verticale du Tropique Nord. C'est, dans l'hémisphère Nord, le jour le plus long de l'année : c'est **le solstice d'été** : 17 h 07 de jour à Paris.

Le 21 décembre, les rayons du soleil sont à la verticale du Tropique Sud. C'est, dans l'hémisphère Nord, le jour le plus court de l'année : c'est **le solstice d'hiver** : 8 h 12 de jour à Paris.

Dans l'hémisphère Sud, la situation est inversée pour les solstices.

PETIT GUIDE DES SAISONS FRANÇAISES

■ Les quatre saisons métropolitaines

■ **L'hiver**, les nuits sont longues, le temps est froid mais sans excès. Il se produit de fréquentes petites pluies et parfois des chutes de neige.

■ **Le printemps**, les jours s'allongent. Les températures deviennent plus douces. C'est la saison des giboulées, brutales averses mêlées de grêle.

■ **L'été**, le temps est souvent beau. C'est une saison chaude parfois sèche. Des orages éclatent après de lourdes journées moites.

■ **L'automne**, la durée de l'ensoleille-ment diminue, provoquant le retour de la fraîcheur. Un temps fréquemment plu-vieux domine la majeure partie du terri-toire.

■ Les carêmes et les hivernages antillais

Températures et précipitations moyen-nes mensuelles à Pointe-à-Pitre (Gua-deloupe)

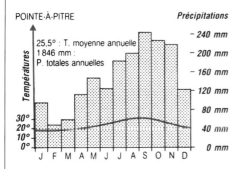

POINTE-À-PITRE — Précipitations — 25,5° : T. moyenne annuelle — 1846 mm : P. totales annuelles

■ **Le « carême »** antillais est la saison sèche.

■ **L'hivernage** est la saison humide qui, malgré son nom, correspond aux mois d'été. Les vents alizés s'humidifient alors sur un Atlantique très chaud et déversent de fortes précipitations.

Des ouragans ou cyclones peuvent balayer les îles en fin d'hivernage.

Des vents de 150 à 250 km/h, des vagues de 15 à 30 mètres, des pluies torrentielles causent des dégâts consi-dérables. On a dénombré 782 morts dans Pointe-à-Pitre en septembre 1928.

■ Les saisons « inversées » de la Réunion

Températures et précipitations moyennes mensuelles à Saint-Denis-de-la Réunion

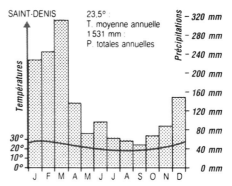

SAINT-DENIS — 23,5° : T. moyenne annuelle 1531 mm : P. totales annuelles

C'est l'hémisphère Sud !
L'été austral dure de novembre à avril. C'est une saison chaude et pluvieuse marquée, de janvier à mars, par le pas-sage de cyclones.
L'hiver austral, de mai à octobre, est une saison sèche, relativement plus fraîche.

■ L'hiver polynésien

C'est l'hémisphère Sud !
L'été austral dure de novembre à février. C'est la saison des pluies. Elles se pro-duisent sous forme d'averses brèves et violentes. Les cyclones sont exception-nels.
L'hiver austral est la saison fraîche. La moyenne des mois les plus froids, juillet-août, est de 25°. La moyenne des plus basses températures enregistrées est de 15° !

CADRE NATUREL

POPULATION

ORGANISATION

VIE ÉCONOMIQUE

COMMUNICATION

FRANCE ET MONDE

La végétation

La France compte 4 200 espèces végétales qui poussent sous des climats, favorables dans leur ensemble, au développement d'une végétation. Une température, moyenne mensuelle, de 10° permet une période végétative de 6 à 10 mois, selon le lieu.
L'homme a profondément modifié la couverture végétale d'origine.

La marque de l'homme sur la végétation

L'homme a défriché l'immense forêt, qui couvrait la presque totalité du territoire, pour pratiquer l'agriculture, pour se procurer du bois d'œuvre (chênes et hêtres pour la marine, pins pour les mines), du bois de chauffage (charme, orme, chêne), de la pâte à papier (peuplier et conifères). Il a propagé des espèces : le châtaignier qui fournissait les échalas pour les vignobles. Il a aussi reboisé : la forêt des Landes et les pinèdes champenoises ont été plantées par l'homme au XIXᵉ siècle.

Le domaine atlantique

C'est le domaine de la forêt tempérée essentiellement constituée d'arbres à feuilles caduques. Le chêne y est dominant. Il est associé au hêtre. Ce dernier exige plus d'humidité et supporte mieux le froid, ce qui explique sa localisation au nord-est de la France, dans l'est du Bassin Parisien, et jusqu'à 1 500 m d'altitude. Ces deux essences sont aussi associées au bouleau et aux résineux, dans la moitié nord du pays, au châtaignier et au pin maritime, dans le secteur aquitain.

La forêt, quand elle se dégrade fait place à la lande océanique parsemée d'ajoncs, de bruyères et de genêts qui acidifient le sol et rendent difficile la réinstallation des arbres.

Le domaine méditerranéen

C'est le domaine d'une forêt adaptée à une sécheresse estivale et où dominent les arbres à feuilles persistantes : le chêne vert, le chêne-liège, le pin parasol parfois associés à l'olivier. Un point d'eau permanent permet la présence de peupliers, de saules, d'aulnes et d'érables.

Cette forêt, détruite par les incendies et l'occupation humaine, n'existe plus qu'à l'état de lambeaux. Elle a fait place aux garrigues, avec le thym, la lavande et le chêne kermès rabougri, aux maquis impénétrables de buissons touffus et épineux.

Le domaine montagnard (au-dessus de 1 000 m)

C'est le domaine d'une forêt et d'une végétation étagées en fonction de l'altitude et des variations de température (voir ci-contre).

La limite supérieure des espèces végétales varie beaucoup selon l'exposition des versants. Elle est plus basse sur l'ubac, frais et humide, plus élevée sur l'adret ensoleillé.

■ **Les domaines végétaux**

Domaine atlantique :

Chêne dominant

Grands reboisements en pins

Hêtre et chêne

Domaine méditerranéen :

Chêne vert, chêne-liège, pin parasol

Domaine montagnard

Feuilllus pins résineux

■ **L'étagement de la végétation dans le domaine montagnard**

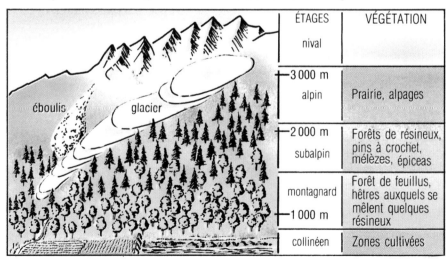

ÉTAGES	VÉGÉTATION
nival	
—3 000 m	
alpin	Prairie, alpages
—2 000 m	
subalpin	Forêts de résineux, pins à crochet, mélèzes, épiceas
montagnard	Forêt de feuillus, hêtres auxquels se mêlent quelques résineux
—1 000 m	
collinéen	Zones cultivées

éboulis glacier

CADRE NATUREL
POPULATION
ORGANISATION
VIE ÉCONOMIQUE
COMMUNICATION
FRANCE ET MONDE

Les risques naturels

> Une ou plusieurs calamités naturelles menacent directement 10 200 communes, soit près d'une sur trois. 7 500 le sont par des inondations, 30 000 par des glissements de terrain, 1 400 par des séismes et 400 par des avalanches. 615 communes ont été déclarées prioritaires pour la mise en place d'un plan de prévention.

Les « plans d'exposition aux risques »

Ce plan vise à déterminer, pour une ville ou un village donné, la nature du ou des risques encourus, le périmètre exposé, les protections mises en place par la municipalité. Après étude, trois zones sont délimitées : une zone blanche où le danger est inexistant, une zone bleue où les habitants doivent, à leurs frais, effectuer des travaux de protection des bâtiments, une zone rouge où toute nouvelle construction est impossible. Fin 1987, seules 13 des 615 communes prioritaires avaient fait l'objet d'aménagements.

Les inondations

Les inondations sont prévisibles : elles menacent toujours les mêmes lieux. Ainsi la zone du camping du Grand Bornand engloutie en 30 minutes en juillet 1987 (50 morts) avait déjà été dévastée en 1936. Les crues des cours d'eaux s'expliquent par des averses exceptionnelles, une fonte des neiges brutale, par la coïncidence d'un de ces phénomènes avec la période des hautes eaux. La rapidité de la montée des eaux varie selon le profil du cours d'eau : quelques heures pour un torrent des Cévennes, 20 à 30 heures pour la Garonne à Toulouse, 8 à 9 jours pour la Seine à Paris.

Les séismes et les glissements de terrain

Les risques sismiques les plus importants se situent dans les Hautes-Pyrénées, dans la montagne alpine, notamment la Provence et l'arrière-pays niçois. La France enregistre en moyenne 300 secousses par an. Moins du tiers ont une intensité égale à 3 : vibrations comparables à celles provoquées par un petit camion, léger balancement des objets suspendus.

Les risques de glissement de terrain concernent surtout le nord, la côte normande et l'ouest de la région parisienne.

Les avalanches

Les couloirs d'avalanches sont répertoriés sur une étendue de plus de 550 000 hectares. La prévention consiste à déclencher artificiellement de mini-avalanches, à construire des obstacles pare-avalanches. Mais cela coûte cher. En cas d'accident, une centaine de chiens sont dressés au repérage d'éventuels ensevelis dont les chances de survie, importantes dans la première demi-heure, ne sont plus que de 40 % après une heure, de 20 % après deux.

LES COMMUNES LES PLUS MENACÉES

Les communes ayant fait l'objet d'un plan d'exposition aux risques et les principales catastrophes naturelles des cent dernières années

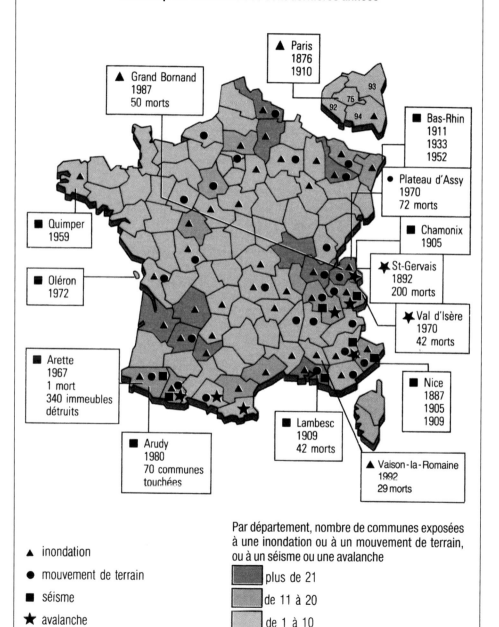

▲ Paris
1876
1910

▲ Grand Bornand
1987
50 morts

■ Bas-Rhin
1911
1933
1952

● Plateau d'Assy
1970
72 morts

■ Quimper
1959

■ Chamonix
1905

★ St-Gervais
1892
200 morts

■ Oléron
1972

★ Val d'Isère
1970
42 morts

■ Arette
1967
1 mort
340 immeubles
détruits

■ Nice
1887
1905
1909

■ Lambesc
1909
42 morts

■ Arudy
1980
70 communes
touchées

▲ Vaison-la-Romaine
1992
29 morts

▲ inondation

● mouvement de terrain

■ séisme

★ avalanche

Par département, nombre de communes exposées
à une inondation ou à un mouvement de terrain,
ou à un séisme ou une avalanche

plus de 21

de 11 à 20

de 1 à 10

41

CADRE NATUREL

POPULATION

ORGANISATION

VIE ÉCONOMIQUE

COMMUNICATION

FRANCE ET MONDE

L'origine des Français

Qu'est-ce qui fait que quelqu'un est Français ? Vaste question quand on sait que la France, carrefour d'invasions et d'immigrations, a vu se combattre et s'établir sur son sol une cinquantaine de peuples. 18 millions de Français ont aujourd'hui pour père, pour grand-père ou arrière-grand-père un étranger.

▄▄▄▄ Des Celtes... aux Vikings

Deux millénaires durant, avant l'an 1000, des hordes d'envahisseurs ont périodiquement déferlé sur le territoire de l'actuelle France.

À l'origine, quelques tribus préhistoriques peu nombreuses.

Des Celtes (IXᵉ s. avant J.-C.) venus de l'est, repoussent dans les montagnes les populations plus anciennes.

Des Grecs (VIIᵉ s. avant J.-C.) se fixent sur la côte méditerranéenne.

Des Romains (Iᵉʳ s. avant J.-C.), venus d'Italie, établissent peu à peu leur domination sur une mosaïque de 80 tribus celtes qu'ils appellent Galli ou Gaulois.

Des Barbares (Vᵉ s.), venus de l'est et eux-mêmes poussés par les Huns, envahissent la Gaule romaine. Ainsi s'installent, parmi peut-être 10 millions de Gallo-Romains, des Alamans, des Francs, des Wisigoths, des Burgondes, des Vandales. Chacun de ces peuples ne devait pas dépasser 100 000 personnes, à l'exception des Francs qui, vers 500, dominent toute la Gaule.

Des Arabes (VIIIᵉ s.), venus d'Espagne dominent l'Aquitaine et le Languedoc.

Des Vikings (Xᵉ s.), venus de Scandinavie, s'installent en Normandie.

▄▄▄▄ Des Belges... aux Maghrébins

Deux siècles durant, du XIXᵉ à nos jours, des vagues d'immigrants ont répondu aux besoins de main-d'œuvre exprimés par la France.

Belges et Italiens (1850-1914) regroupent les effectifs les plus nombreux dans une population immigrée estimée à 1 160 000 personnes (39 196 000 français).

Espagnols et Polonais (1818-1939) constituent des groupes importants, 13 % et 19 %, à côté d'une immigration italienne toujours forte, 29 %. On compte alors 2 715 000 étrangers pour 41 228 000 français.

Portugais et Maghrébins (1945-1974) prennent le pas sur les autres nationalités. Ils représentent respectivement 22 % et 34 % des 3 442 000 étrangers comptabilisés en 1975 pour 52 599 000 français.

▄▄▄▄ Les facteurs d'unification d'une France plurielle

Le Français est le résultat d'une complexe fusion de peuples aux cultures diverses. Les volontés centralisatrices de la monarchie, de la Révolution et de la république ont contribué à forger une unité française. Mais les vrais ciments de cette unité semblent avoir été, au XIXᵉ siècle, le développement des chemins de fer, le service militaire généralisé et l'enseignement primaire obligatoire mis en place par la IIIᵉ République.

LE FRANÇAIS TYPE

■ Logement

58 % des ménages vivent en maison individuelle.
56 % des ménages sont propriétaires de leur résidence principale.
(78 % pour les ménages vivant en maisons individuelles).

■ Voiture

80 % des ménages possèdent une voiture particulière.
50 % n'en ont qu'une, 26 % plusieurs.
Cela représente quelques 24 millions d'automobiles.

■ Animaux domestiques

52 % des ménages se partagent 45 millions d'animaux domestiques, dont 10,6 millions de chiens (dans un foyer sur 3) et 8,4 millions de chats (dans un foyer sur 4).

■ Budget

1923-2003

Au français moyen

■ Repas

Les repas pris à domicile représentent 75 % des repas hebdomadaires (66 % en région parisienne).
Les repas pris à l'extérieur sont payants à 58 % ; 38 % sont des invitations dans un autre foyer ; 4 % sont préparés à domicile et consommés à l'extérieur.

■ Alimentation

Le Français consomme en moyenne, par personne et par an : 60 kg de pain, 68 kg de pommes de terre, 91 kg de légumes, 60 kg de fruits, 35 kg de viande, 24 kg de volailles, 14 kg de poisson, 19 kg de fromage, 66 l de lait frais, 60 l de vin, 33 l de bière, et 150 l d'eau minérale.

■ Taille-Poids

L'homme mesure 1,76 m et pèse 74 kg. La femme mesure 1,64 m et pèse 61 kg.

■ Espérance de vie

Elle est de 75,6 ans pour les hommes, de 82,9 pour les femmes.

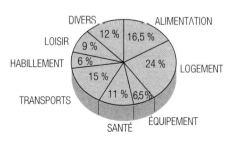

DIVERS 12 %
LOISIR 9 %
HABILLEMENT 6 %
15 %
TRANSPORTS
11 % 6,5 %
SANTÉ
ÉQUIPEMENT
ALIMENTATION 16,5 %
24 % LOGEMENT

Nota : par « ménage » il faut comprendre les occupants d'un logement ; une personne seule constitue un ménage.

43

CADRE NATUREL
POPULATION
ORGANISATION
VIE ÉCONOMIQUE
COMMUNICATION
FRANCE ET MONDE

La population française

Avec **61 190 000 millions** d'habitants, la France se situe au **21e rang mondial** et au **3e rang européen**. Sa densité moyenne de **108 h/km²** la place au **92e rang mondial**, au **17e rang européen**. Les femmes sont majoritaires dans la population avec **51,4 % des effectifs**, alors qu'il naît **105 garçons pour 100 filles**.

■■■■■■ **Structure de la population française**

Les moins de 20 ans représentent 25,1 % de la population (33,1 % en 1970). Les plus de 60 ans 20,6 % (18 % en 1970). Le lent vieillissement de la population française posera de graves problèmes vers l'an 2007 quand arriveront à l'âge de la retraite les nombreuses générations nées dans les années 1946-1973.

Structure de la population française (au 1 janvier 1999)

Source : Population et société, n° 344, mars 1999.

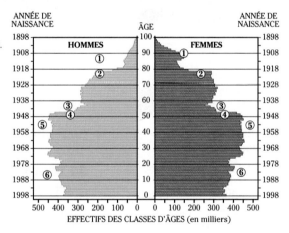

EFFECTIFS DES CLASSES D'ÂGES (en milliers)

1. au-dessus de 85 ans (naissances avant 1914) : un déséquilibre hommes/femmes (1). La surmortalité masculine s'explique par les décès lors de la guerre de 1914-1918 ; par les accidents du travail, la consommation d'alcool...

2. de 79 à 84 (naissances entre 1914 et 1919) : les classes creuses (2). La séparation des couples a provoqué un déficit des naissances estimé à – 1 200 000 naissances.

3-4. de 53 à 78 ans (naissances entre 1919 et 1945) : au fléchissement provoqué par l'arrivée à l'âge de la procréation des classes creuses de 1914-1918 (3) vient s'ajouter un nouveau déficit estimé à – 500 000 naissances causé par la séparation des couples 1939-1945. Il y a 1 500 000 français prisonniers en Allemagne (4).

5. de 25 à 52 ans (naissances entre 1946 et 1973) : le baby boom (5). Mesures en faveur des familles, croissance économique... favorisent les naissances.

6. en dessous de 24 ans (naissances depuis 1974) : la chute des naissances (6). La contraception, l'essor du travail féminin, la crise économique expliquent en partie cette baisse. Le remplacement des générations n'est plus assuré : le nombre de naissances annuelles est inférieur à l'effectif d'une génération en âge de procréer.

La densité de la population par département

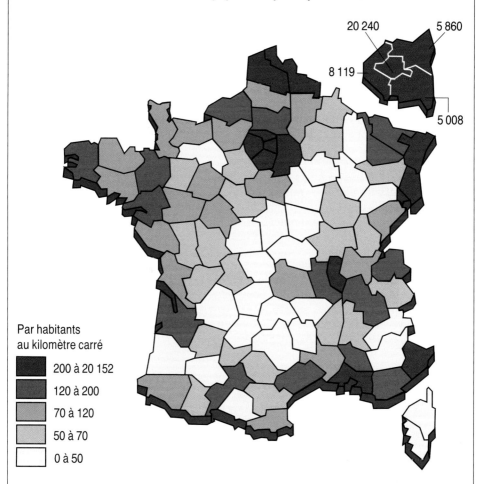

Par habitants
au kilomètre carré

- ▮ 200 à 20 152
- ▮ 120 à 200
- ▮ 70 à 120
- ▮ 50 à 70
- ▯ 0 à 50

La population française est très inégalement répartie : 2 sur 3 des départements français n'atteignent pas la densité moyenne de 108 h/km² et les contrastes sont forts : Paris 20 240 h/km², Lozère 14 h/km² ; région Île-de-France 917 h/km², Corse 30 h/km²... En fait, les régions Île-de-France, Rhône-Alpes, Provence-Alpes-Côte d'Azur et Nord-Pas-de-Calais abritent 43 % de la population alors qu'elles représentent 18 % du territoire.

Les régions les plus peuplées (densité supérieure à la moyenne) se situent principalement sur la périphérie française.

CADRE NATUREL

POPULATION

ORGANISATION

VIE ÉCONOMIQUE

COMMUNICATION

FRANCE ET MONDE

Natalité – Mortalité

Avec 762 700 naissances en 2002 et un taux de natalité de 12,8 ‰, la France se situe en tête des pays de l'Union européenne. Elle n'est devancée que par l'Irlande. Avec 539 700 décès en 2002 et un taux de mortalité de 9 ‰, la France se situe dans la moyenne européenne.

Une fécondité en déclin

Le taux de fécondité (rapport entre le nombre de naissances en un an et le nombre de femmes de 15 à 49 ans en âge de procréer) baisse depuis 1964. Il semble stabilisé en 2002 avec 1,9 enfant par femme. Le renouvellement des générations n'est plus assuré : en l'état actuel de la mortalité, il faudrait 2,1 enfants par femme.

Des naissances moins nombreuses

Depuis 1974 le nombre de naissances n'a jamais dépassé la barre des 800 000 sauf en 1981. Le taux de natalité (nombre de naissances pour 1 000 habitants) reste stable, un peu plus de 12 ‰. La proportion des familles nombreuses a baissé : ainsi la venue d'un quatrième enfant dans une famille représentait 16,6 % des naissances en 1969 et 5,5 % des naissances aujourd'hui.

Une mortalité en baisse

La baisse du taux de mortalité (nombre de morts pour 1 000 habitants) de 10,6 ‰ en 1975 à 9,1 ‰ en 2002 résulte des progrès de la médecine. Le taux de mortalité infantile (nombre d'enfants morts avant leur premier anniversaire pour 1 000 enfants nés vivants) est passé de 63,4 ‰ en 1950, à 13,6 ‰ en 1975, à 8,1 ‰ en 1986, à 5,1 ‰ en 1997 et à 4,2 ‰ en 2002.

L'inégalité devant la mort

Inégalité entre les sexes : les hommes connaissent à tous les âges un risque de mourir supérieur à celui des femmes. Entre 15 et 24 ans, à cause des accidents de la route, après 55 ans, à cause d'un usage plus fréquent de l'alcool et du tabac.

Inégalité socioprofessionnelle :

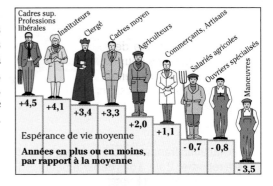

L'ESPÉRANCE DE VIE

■ Espérance de vie à la naissance

Durée moyenne pour les deux sexes, en années et dixièmes d'années (79,2).

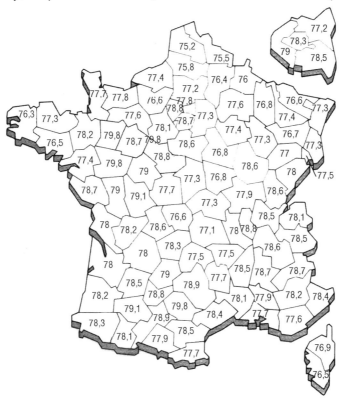

Avec une espérance de vie à la naissance de 75,6 ans pour les hommes, et de 82,9 ans pour les femmes, la France se situe en 2003 aux premiers rangs des pays développés. Mais il existe de grandes différences entre les régions françaises. Le nord de la France, l'ouest (Bretagne) et l'est (Lorraine et Alsace) connaissent des durées de vie inférieures à la moyenne nationale.

Espérance de vie la plus longue			
hommes		femmes	
Mayenne	76,4	Tarn	82,9
Tarn-et-Garonne	75,7	Aveyron	82,9
Gers	75,6	Aude	82,8
Deux-Sèvres	75,6	Paris	82,8
Maine-et-Loire	75,3	Gers	82,7
Lot	75,3	Lot	82,7

Espérance de vie la plus courte			
hommes		femmes	
Pas-de-Calais	70,6	Pas-de-Calais	79,9
Nord	71,1	Nord	80,0
Finistère	71,4	Corse-du-Sud	80,3
Somme	71,4	Somme	80,3
Morbihan	71,5	Moselle	80,3
Ardennes	71,5	Lozère	80,4

CADRE NATUREL

POPULATION

ORGANISATION

VIE ÉCONOMIQUE

COMMUNICATION

FRANCE ET MONDE

Les couples français

Depuis 1972, année record avec 417 000 mariages, les Français se marient de moins en moins et divorcent plus. Le nombre de couples en union libre s'est multiplié. Aujourd'hui sur une génération de 800 000 personnes, 600 000 personnes se marieront mais 200 000 divorceront avant la cinquième année.

La chute des mariages

1972 : 417 000 mariages célébrés ; 2002 : 280 600.

La chute des mariages est un des faits marquants de notre temps.

Il faut en voir la cause dans les changements de mentalités et dans la situation économique. Face à la crise et à l'incertitude devant l'avenir, le mariage n'apparaît plus comme le rempart de la sécurité affective et matérielle. De plus, les rapports entre les sexes ont été modifiés par l'autonomie des femmes qui travaillent, par l'élévation du niveau d'instruction des jeunes filles, par la maîtrise de la fécondité grâce à une contraception sûre.

La religion a aussi perdu de son influence : 75 % des mariages étaient célébrés à l'église en 1972, 56 % en 1986 et 44 % en 2002.

La montée des divorces

1970 : 37 000 divorces prononcés ; 2002 : 114 000.

La montée des divorces, constante depuis son rétablissement en 1884, s'est amplifiée jusqu'en 1984 où le nombre de divorces s'est stabilisé autour de 105 000 par an.

Les divorces sont plus nombreux en zones urbaines et industrialisées qu'en zones rurales où les structures d'exploitation de la terre et les traditions religieuses constituent un frein.

L'initiative de la séparation revient majoritairement à la femme : sur 10 divorces, 3 sont demandés conjointement par les époux, 2 par les hommes, 5 par les femmes. La garde des enfants est dans 85 % des cas confiée à la mère. Des obligations financières liées à la garde des enfants sont accordées dans 60 % des cas, mais 35 % seulement des pensions alimentaires sont versées régulièrement et intégralement.

L'explosion de l'union libre

1975 : 446 000 couples non mariés recensés ; 2002 : 2 700 000.

L'union libre est plus fréquente dans les populations salariées, urbaines et ouvrières : ainsi à Paris elle est majoritaire pour les couples où l'homme a moins de 25 ans ; et 45 % des hommes concubins de moins de 35 ans sont ouvriers.

La « cohabitation juvénile » a longtemps été considérée comme un simple mariage à l'essai, régularisé à la venue du premier enfant. Plus de la moitié des jeunes commencent désormais leur vie de couple en dehors du mariage. En fait, le nombre de naissances illégitimes témoigne de la désaffection des jeunes pour le mariage : il y avait eu 63 000 naissances hors mariage en 1975, il y en a eu près de 336 000 en 2002 soit plus de 44 % des naissances.

L'ÉVOLUTION DES COUPLES

Évolution annuelle du nombre de mariages et de divorces et évolution en pourcentage de la proportion de couples en union libre et de naissances hors mariage.

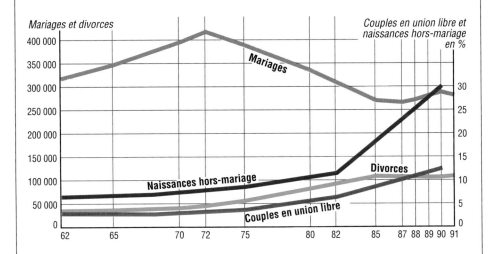

■ Le mariage : une « valeur sûre »... en déclin

52 % des Français proclament que le mariage correspond à « un engagement profond ». Ils se marient pourtant de moins en moins. La poussée de 1972 s'explique par un nombre important de conception prénuptiale à une époque où la contraception moderne était peu répandue. La légère tendance à la reprise amorcée après 1988 s'enraye en 1991. Le nombre de couples mariés diminue entre les recensements : 12 415 000 couples mariés en 1982, 12 380 000 en 1999.

■ Le divorce : 1,5 million d'enfants séparés d'un parent

La loi de 1975 qui facilite la procédure de divorce et permet la séparation d'un commun accord, n'a pas eu d'effet majeur sur le nombre de divorces. Elle a permis la régularisation de situations antérieures pour des couples séparés depuis longtemps déjà.

Aujourd'hui, 1,6 million d'enfants de moins de 19 ans ne vivent pas avec leurs deux parents présents au foyer. Mais ceux qui vivent avec un beau-père sont 3 à 4 fois plus nombreux que ceux qui vivent avec une belle-mère.

■ Le temps du PACS

En novembre 1999 a été créé le Pacte civil de solidarité (PACS) qui permet à deux personnes majeures hétérosexuelles ou homosexuelles de vivre en couple en bénéficiant d'une fiscalité avantageuse. Pour cent mariages célébrés, on compte huit signatures de Pacs. En 2003, le total cumulé des Pacs contractés s'élève à plus de 100 000.

CADRE NATUREL
POPULATION
ORGANISATION
VIE ÉCONOMIQUE
COMMUNICATION
FRANCE ET MONDE

Une population urbaine

La population française est pour les trois quarts urbaine. Une population est considérée comme urbaine quand elle regroupe plus de 2 000 personnes dans les limites d'une commune ou d'une agglomération multicommunale où l'habitat est continu. Plus de 44 millions de Français vivent ainsi en ville.

Répartition des communes urbaines

Tranches de population	Communes		Population correspondante	
	Nombre	%	Nombre	%
500 000 h et plus	2		2 913 457	7,2
200 000 h à 499 999 h	8	1	2 355 231	5,8
100 000 h à 199 999 h	25		3 465 620	8,5
50 000 h à 99 999 h	67	2	4 184 911	10,5
30 000 h à 49 999 h	123	3	4 750 661	12
10 000 h à 29 999 h	574	14	9 645 859	24
5 000 h à 9 999 h	817	20	5 588 696	14
2 000 h à 4 999 h	2 402	60	7 308 516	18

Les 5 plus grandes agglomérations

	Commune	Agglomération
Paris	2 125 246	9 644 507
Marseille	798 430	1 349 772
Lyon	445 452	1 348 832
Lille	184 657	1 000 900
Nice	342 738	888 784

La croissance des villes

La croissance des villes, qui était continue depuis 1945, s'est ralentie. Les villes de plus de 50 000 habitants connaissent une augmentation très modérée de leur population, voire même une diminution au-dessus de 200 000 h. Seules les villes de moins de 10 000 h ont une croissance supérieure à la moyenne nationale. La spéculation foncière, au centre des grandes villes, le développement des transports, l'attrait de la maison individuelle expliquent ces mouvements de population.

La zone d'attraction des villes

La zone d'attraction des villes est sa zone d'influence. Cette influence varie selon la qualité des équipements administratifs, commerciaux et bancaires, scolaires ou sportifs qu'elle propose : commerces de détail ou grande surface, collège ou lycée, clinique ou centre hospitalier…

Mais cette zone d'attraction a ses limites : le temps de parcours du domicile à la ville. Ainsi la force d'attraction commerciale d'une ville résiste rarement à un trajet de plus d'une heure.

LE RÉSEAU URBAIN FRANÇAIS

■ Réseau urbain et zone d'attraction des villes

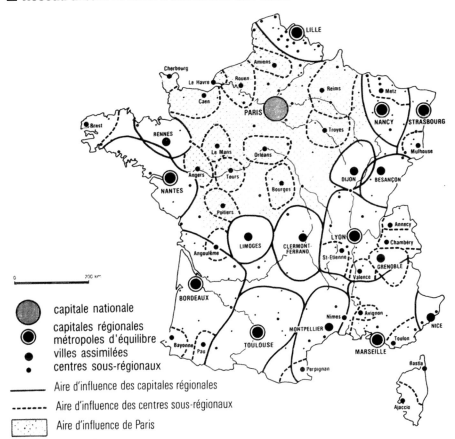

capitale nationale
capitales régionales
métropoles d'équilibre
villes assimilées
centres sous-régionaux

———— Aire d'influence des capitales régionales
------- Aire d'influence des centres sous-régionaux
Aire d'influence de Paris

■ Un réseau urbain organisé

■ **Paris, capitale nationale** : Paris compte 13 fois plus d'actifs dans les commerces et les services que Lyon, ville au second rang. Paris exerce une grande influence sur plus du quart du territoire national. L'agglomération parisienne regroupe, à elle seule, près du cinquième de la population française.

■ **16 capitales régionales** : il s'agit des 8 villes choisies comme métropoles d'équilibre, dans les années soixante, aux-quelles il faut ajouter 8 villes qui, par leur rayonnement, ont atteint le rang de capitale régionale. Leurs zones d'attraction sont inégales, plus étendues dans l'Ouest et le Sud-Ouest en raison d'un tissu urbain plus lâche.

■ **28 centres sous-régionaux** : ils assurent le relais des capitales régionales et organisent l'espace au centre duquel ils se situent. Des vides relatifs apparaissent à l'est et au sud du Bassin Parisien, en Bretagne intérieure, au sud du Massif central, au sud des Alpes.

CADRE NATUREL

POPULATION

ORGANISATION

VIE ÉCONOMIQUE

COMMUNICATION

FRANCE ET MONDE

Les paysages urbains

Lieux de vie pour 44 millions d'habitants, les villes françaises présentent une grande homogénéité de paysage. Au-delà des différences dues au site et au volume de la population, il est souvent possible de lire, dans les franges successives de l'habitat urbain, l'histoire d'une ville.

■■■■■ Le centre des villes

S'il est ancien, le centre, établi autour d'une place, de l'hôtel de ville, d'une église, est fait de rues étroites pouvant dater de plusieurs siècles. Un habitat, souvent vétuste, abrite des personnes âgées et de petits commerçants.

S'il a été rénové, il est alors occupé par des catégories sociales aisées. Il peut être devenu piétonnier.

■■■■■ Les quartiers péricentraux

Au contact du centre historique s'élèvent des quartiers constitués d'immeubles bourgeois, de 3 ou 4 étages, datant du XIXe ou du début du XXe siècle. À moins que ne se succèdent de petites maisons, parfois jointives, datant d'avant 1939 et abritant des ouvriers qualifiés âgés ou des cadres moyens.

■■■■■ La banlieue

À la limite des quartiers péricentraux, de petits pavillons s'étendent, en étoile, le long des voies de communication. Mais plus caractéristiques des banlieues sont les immeubles locatifs, de type HLM, bâtis dans les années 60 : des barres de 4 étages, sans ascenseur, disposées géométriquement, alternent avec des tours de 10 étages. Dans la banlieue existent aussi des quartiers résidentiels habités par des cadres et constitués par de petits immeubles ou des maisons individuelles.

■■■■■ La grande banlieue

À de grandes distances des centres-villes, au contact de la campagne, s'étendent des lotissements dont certains datent des années 60. Ils voisinent avec d'anciennes maisons rurales rénovées et adaptées aux besoins des citadins.

■■■■■ Les villes nouvelles

Le programme des villes nouvelles, conçu dans les années 60, avait pour but de rompre avec la malheureuse expérience des grands ensembles et d'endiguer l'anarchie de la marée pavillonnaire. Il voulait créer des villes adaptées à l'automobile, de vraies villes avec habitat, commerce, travail et loisirs.

Cinq d'entre elles se trouvent dans la région parisienne : Cergy-Pontoise, Evry, St-Quentin-en-Yvelines, Marne-la-Vallée et Melun-Sénart. Quatre en province : Le Vaudreuil près de Rouen, Villeneuve-d'Ascq près de Lille, l'Isle-d'Abeau près de Lyon, les Rives-de-l'étang-de-Berre près de Marseille.

Lieux de recherches d'architecture et d'urbanisme, elles se singularisent par l'importance accordée aux espaces verts et de loisirs. À Melun-Sénart, par exemple, les immeubles collectifs ne dépassent jamais la hauteur des arbres.

■ Paris et son agglomération

Espaces verts et espaces bâtis de l'agglomération parisienne

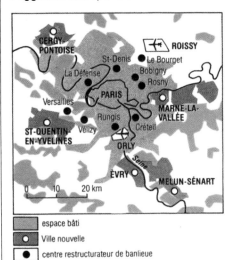

espace bâti

Ville nouvelle

centre restructurateur de banlieue

bois et forêts

Paris intra-muros, aujourd'hui délimité par le boulevard périphérique, supporte sur 105 km² une densité de 20 240 h/km². L'espace bâti occupe 93 % du sol. Malgré la présence de 33 000 arbres, les trois quarts des parisiens ne disposent pas d'un espace vert de proximité.
L'agglomération parisienne supporte une densité de 4 579 h/km². La situation varie selon les banlieues, mais globalement l'espace bâti représente plus de la moitié des 2 312 km² qui la compose. 26 de ses 350 communes comptent plus de 50 000 habitants.

■ Un gigantesque rayonnement

Paris, ville capitale, est le siège du pouvoir politique.
L'agglomération parisienne est la première région économique de France. Elle concentre 22 % des emplois fran-

çais, 31 % des appels téléphoniques, 75 % des sièges sociaux des entreprises françaises (dont 150 des 200 plus importantes), 58 % des chercheurs, 27 % des emplois tertiaires, 68 % des techniciens supérieurs en informatique, 70 % des sièges sociaux d'assurance, 96 % des sièges sociaux de banque.
Le rayonnement culturel est aussi intense. Paris regroupe le tiers des étudiants français et abrite un grand nombre de musées et de lieux de spectacles : 50 % des théâtres, 14 000 représentations dans l'année.

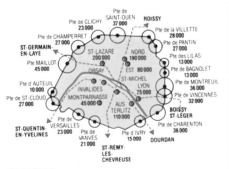

ST-LAZARE
200 000 : nombre de voyageurs par jour, par gare SNCF ou RATP

■ Le trafic quotidien banlieue-Paris

20 millions de déplacements sont dénombrés chaque jour pour le travail, les achats et les loisirs. Près de 1,5 million de véhicules entrent et sortent quotidiennement de la capitale dont les rues ne peuvent supporter la circulation simultanée que de 300 000 véhicules.
Les 36 km du périphérique parisien, qui absorbent le trafic banlieue et le trafic à distance (1 100 000 véhicules/jour), font office de grand carrefour national... souvent embouteillé.

| CADRE NATUREL |
| **POPULATION** |
| ORGANISATION |
| VIE ÉCONOMIQUE |
| COMMUNICATION |
| FRANCE ET MONDE |

Les villages français

31 639 communes sur 36 527, soit 86 % d'entre elles, ont moins de 2 000 habitants. C'est la France des villages qui abrite 25 % de la population et qui présente une grande variété de sites et d'habitats due à la diversité des conditions naturelles et à celles des traditions dans la mise en valeur des espaces agricoles.

Les types de villages

Dans de nombreux villages les maisons sont simplement juxtaposées, parfois jointives, sans organisation apparente. Ce sont des villages « en tas ». Mais l'on peut reconnaître quelques dispositions types.

Le village-rue	Le village-en-étoile	Le village-en-cercle

Les maisons se font face de part et d'autre d'une unique rue.	Les maisons s'alignent le long des routes qui traversent le village.	Les maisons sont disposées, en cercles concentriques, autour d'une place, d'un bâtiment important.

Les types de fermes

La maison rurale, la ferme, est à la fois pour le paysan cadre de travail et lieu d'habitation.

La « maison-bloc » regroupe en un seul bâtiment le logement de l'agriculteur et les locaux d'exploitation. C'est la ferme du vigneron dont le cellier occupe tout le rez-de-chaussée.

La ferme à cour fermée	La ferme à cour ouverte

Maison d'habitation, granges, hangar entourent une cour centrale à laquelle on accède par un vaste porche. C'est la ferme des pays de grande culture.	Maison d'habitation, granges, étables s'éparpillent dans un enclos herbeux entouré de haies d'arbres (la mesure). C'est la ferme des pays d'élevage.

LES ARCHITECTURES PAYSANNES TRADITIONNELLES

Les grands types de maisons paysannes

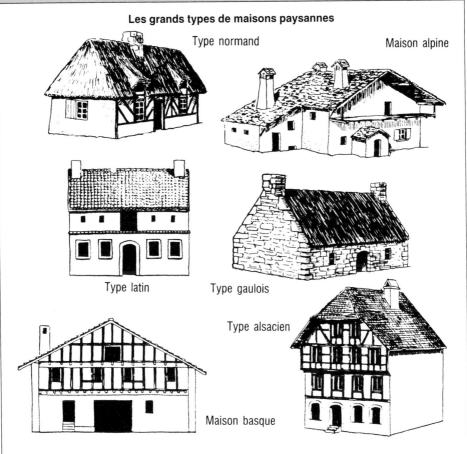

Type normand

Maison alpine

Type latin

Type gaulois

Type alsacien

Maison basque

■ Les maisons paysannes tradition-nelles sont d'une grande variété

Avant la généralisation de la brique, le paysan utilisait les matériaux qu'il trouvait sur place.

De là, l'opposition entre maisons de pierre (les 4/5e) et les maisons en colombage où une carcasse de poutres encadre un remplissage de torchis (argile + paille hachée). De là, l'opposition entre les toits : couvertures de chaumes, de tuiles, d'ardoises, de lauzes (pierres).

Elles s'opposent par leur architecture et leur civilisation d'origine. Deux grands types sont majoritaires : le type gaulois et le type latin.

La maison d'origine gauloise est sans étage, rectangulaire, avec un toit en forte pente. On la rencontre dans l'Ouest, le Centre et le Nord.

La maison d'origine latine est à étages. Sa façade est située sous la faible pente d'un toit de tuiles rondes. On la rencontre essentiellement dans la moitié sud de la France.

CADRE NATUREL

POPULATION

ORGANISATION

VIE ÉCONOMIQUE

COMMUNICATION

FRANCE ET MONDE

Les étrangers en France

3 333 421 étrangers de 129 nationalités vivent en France. Ils représentent 5,6 % de la population. 1 500 000 étrangers contribuent directement, par leur travail, au développement de l'économie française. Une voiture sur quatre, un kilomètre d'autoroute sur trois sont réalisés par des travailleurs immigrés.

■■■■■ La venue des étrangers

La venue d'étrangers en France est un phénomène ancien. Des vagues d'immigrants se sont succédé depuis 1850 (voir page 42). Le nombre d'étrangers est passé de 1 % de l'ensemble de la population en 1850, à 3 % en 1914, à 6,6 % en 1931. Après la Seconde Guerre mondiale, l'Office National de l'Immigration a organisé la venue des étrangers. Ils représentaient 6,5 % en 1974, date à laquelle l'immigration a été suspendue, sauf pour les travailleurs originaires de l'Union européenne. On estime qu'il existe entre 300 000 et 1 million de clandestins.

La France continue toutefois d'accueillir au titre du droit d'asile de nombreux réfugiés politiques du Sud-Est asiatique, d'Amérique Latine…

■■■■■ La nationalité des étrangers résidant en France

La part des Européens a tendance à se réduire (50 % en 1982, 36 % en 2002) au profit de personnes originaires de pays plus lointains du Maghreb (32 % en 1982, 40 % en 2002), d'Afrique Noire et d'Asie.

Pays d'origine	Nombre	Pays d'origine	Nombre
Union européenne	1 200 000	Reste du monde	2 133 300
dont Portugal	556 600	dont Maroc	506 600
Italie	373 500	Algérie	476 600
Espagne	306 600	Tunisie	153 300
Allemagne	53 300	Turquie	206 600

■■■■■ Une démographie particulière

Les hommes sont plus nombreux que les femmes dans les populations étrangères. Ils représentent 53 % des effectifs (48 % pour les Français). La taille moyenne des ménages étrangers est supérieure à la moyenne de l'ensemble de la population : 3,28 personnes contre 2,57.

■■■■■ Les étrangers et les immigrés

Un étranger est une personne qui n'a pas la nationalité française. Un immigré est une personne née étrangère hors de France, mais qui vit sur le territoire français. Après quelques années de résidence, certains immigrés peuvent devenir français par acquisition. Mais ils continuent à appartenir à la population immigrée, même si leur nationalité a changé. Concrètement la France compte 3,3 millions d'étrangers, mais 4,3 millions d'immigrés. Plus d'un immigré sur trois est de nationalité française.

L'IMPLANTATION DES ÉTRANGERS

■ La part d'étrangers dans la population totale française

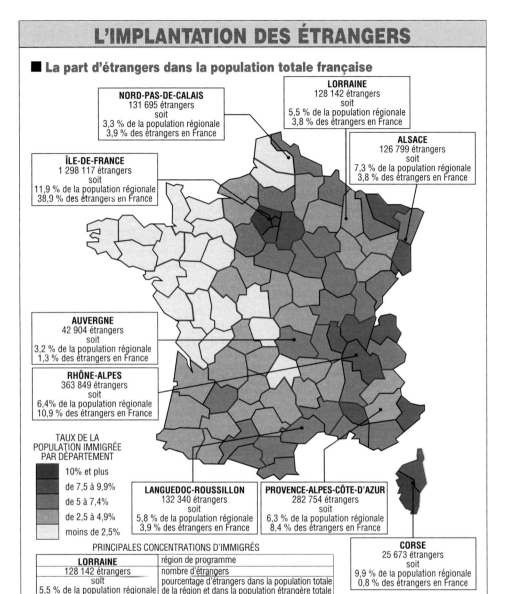

NORD-PAS-DE-CALAIS
131 695 étrangers
soit
3,3 % de la population régionale
3,9 % des étrangers en France

LORRAINE
128 142 étrangers
soit
5,5 % de la population régionale
3,8 % des étrangers en France

ALSACE
126 799 étrangers
soit
7,3 % de la population régionale
3,8 % des étrangers en France

ÎLE-DE-FRANCE
1 298 117 étrangers
soit
11,9 % de la population régionale
38,9 % des étrangers en France

AUVERGNE
42 904 étrangers
soit
3,2 % de la population régionale
1,3 % des étrangers en France

RHÔNE-ALPES
363 849 étrangers
soit
6,4% de la population régionale
10,9 % des étrangers en France

TAUX DE LA
POPULATION IMMIGRÉE
PAR DÉPARTEMENT

- 10% et plus
- de 7,5 à 9,9%
- de 5 à 7,4%
- de 2,5 à 4,9%
- moins de 2,5%

LANGUEDOC-ROUSSILLON
132 340 étrangers
soit
5,8 % de la population régionale
3,9 % des étrangers en France

PROVENCE-ALPES-CÔTE-D'AZUR
282 754 étrangers
soit
6,3 % de la population régionale
8,4 % des étrangers en France

CORSE
25 673 étrangers
soit
9,9 % de la population régionale
0,8 % des étrangers en France

PRINCIPALES CONCENTRATIONS D'IMMIGRÉS

LORRAINE	région de programme
128 142 étrangers	nombre d'étrangers
soit	pourcentage d'étrangers dans la population totale
5,5 % de la population régionale	de la région et dans la population étrangère totale
3,8 % des étrangers en France	en France

L'implantation territoriale des étrangers est très inégale dans l'espace français. Elle s'explique en partie par les voies d'arrivées en France et les traditions d'immigration selon les pays d'origine. Mais la raison majeure de cette localisation différenciée est l'activité économique des immigrés : 44 % sont ouvriers. Ils se sont installés dans les grandes agglomérations industrielles. La Corse faisant ici exception, avec un très important contingent d'ouvriers agricoles marocains.

CADRE NATUREL

POPULATION

ORGANISATION

VIE ÉCONOMIQUE

COMMUNICATION

FRANCE ET MONDE

Les religions des Français

La France présente sur son sol une mosaïque de cultures religieuses alors que la République française est laïque, c'est-à-dire indépendante de toute confession. La France assure « l'égalité devant la loi de tous les citoyens… sans distinction de religion. Elle respecte toutes les croyances. » (constitution de 1958).

Le christianisme

Le christianisme (catholicisme et protestantisme confondus) demeure le courant religieux de l'énorme majorité des Français : 76 % se disent catholiques, 1,7 % protestants.

Les catholiques

On dénombre en France quelque 44 500 000 catholiques baptisés. Un peu moins de sept millions seulement sont pratiquants, c'est-à-dire qu'ils vont à la messe en dehors des seuls baptêmes, mariages et enterrements. Dans une France qui compte plus de 38 000 paroisses, 56 % d'entre elles n'ont plus de curé résident. Il est vrai que le nombre des prêtres est tombé de 41 000 en 1965 à 25 000 aujourd'hui. 200 000 laïcs prennent la relève pour enseigner le catéchisme et visiter les hôpitaux.

Il faut faire une place à part à plus de 150 000 chrétiens orthodoxes issus des vagues d'immigrations grecque et slave du début du siècle.

Les protestants

On dénombre en France quelque 950 000 protestants mais seulement 200 000 pratiquants. Ils sont divisés en trois branches : l'Église réformée calviniste essentiellement implantée dans le Midi et en Poitou-Charentes ; l'Église luthérienne importante en Alsace, en Lorraine et à Paris ; les églises évangéliques parmi lesquelles les baptistes, les méthodistes, les adventistes et les pentecôtistes.

Les musulmans

L'islam est devenu au cours des vingt dernières années la deuxième religion de l'hexagone. Elle réunit 8 % de la population française.

On dénombre en France quelque 4 500 000 musulmans. Mais seuls 15 % d'entre eux font les cinq prières quotidiennes et ont une pratique religieuse rigoureuse. L'islam, comme le judaïsme d'ailleurs, a une forte influence sur la vie quotidienne de ses fidèles. Les musulmans ne consomment ni alcool, ni porc et 80 % d'entre eux respectent le Ramadan le neuvième mois du calendrier musulman : de la naissance du jour à la tombée de la nuit, les fidèles s'abstiennent de boire, de fumer, de manger, de s'adonner à des plaisirs charnels.

Les juifs

On dénombre en France quelque 700 000 juifs qui forment la quatrième communauté juive mondiale. Seuls 100 000 d'entre eux sont réellement pratiquants, mangent de la viande casher et respectent le repos du sabbat (ou samedi).

UNE FORTE PRÉSENCE CATHOLIQUE

16 % seulement des catholiques vont à la messe. Cette désaffection pour la pratique religieuse ne doit pas masquer que le catholicisme a profondément marqué l'histoire de France, qu'il est une composante essentielle de l'identité nationale, que sa présence est forte dans la presse, à l'école, dans la société.

■ La presse catholique

L'Église catholique dispose d'une presse puissante et indépendante (elle n'est pas le porte-parole officiel du Vatican). Ses titres couvrent des domaines variés et ont des tirages loin d'être négligeables.

Les principaux titres de la presse catholique	Tirage
La Croix *quotidien*	94 000
Pèlerin magazine *hedbo*	303 000
La vie *hebdomadaire*	245 000
Télérama *hebdomadaire*	661 000
Notre temps *mensuel et pour la jeunesse*	1 034 000
Pomme d'api *mensuel*	128 000
Astrapi *bimensuel*	65 000
Okapi *mensuel*	71 000
J'aime lire *mensuel*	191 000
Phosphore *mensuel*	84 000

■ L'enseignement catholique

L'enseignement catholique représente la quasi-totalité des effectifs de l'enseignement privé français : 2 millions d'élèves sur un total de 11 805 000, soit 17 % des effectifs globaux de l'Éducation.

■ Un retour à la foi ?

Le retour de la religion, si souvent annoncé au cours des années quatre-vingts, est-il une réalité ?

D'une part, la prise en compte des seuls chiffres de la pratique religieuse invite à répondre négativement, d'autant qu'une

Taux de pratique religieuse

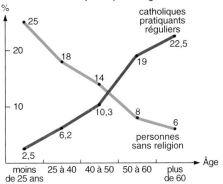

Source : CREDOC, Enquête « Aspirations et conditions de Vie ». L'Etat de la France 1992. Ed. La Découverte-CREDOC

part considérable des fidèles est plutôt âgée. 47 % des gens qui assistent régulièrement aux offices ont plus de 60 ans (les plus de 60 ans représentent globalement 19,4 % de la population française).

Mais, d'autre part, les moins de 25 ans manifestent un regain d'intérêt pour la religion. L'église catholique constate même une forte augmentation des baptêmes en âge scolaire : 13 500 après l'âge de 7 ans, aujourd'hui contre 4 000 à la fin des années soixante-dix.

Cet intérêt pour le fait religieux va cependant de pair avec une désaffection pour l'institution religieuse : le nombre annuel des ordinations de prêtres se stabilise autour d'une centaine contre un demi-millier dans les années soixante.

En fait les bouleversements politiques et sociaux qui ont accompagné l'effondrement des idéologies ont fait naître une inquiétude. La religion catholique, largement médiatisée dans ses prises de position dans le débat de société (immigration, avortement, mariage, sida...) se propose d'être un lieu d'accueil et de parole pour une jeune génération en quête de spiritualité.

CADRE NATUREL
POPULATION
ORGANISATION
VIE ÉCONOMIQUE
COMMUNICATION
FRANCE ET MONDE

Les Français et la table

La France passe pour le pays du bien-manger, de l'art culinaire. L'abondance des vins et des fromages, la vitalité des cuisines régionales ont forgé le renom de la gastronomie française. Les comportements alimentaires des Français varient selon leur âge, leur catégorie socioprofessionnelle, leur région d'origine.

Les changements d'habitudes alimentaires

Quantités moyennes d'aliments consommés par personne

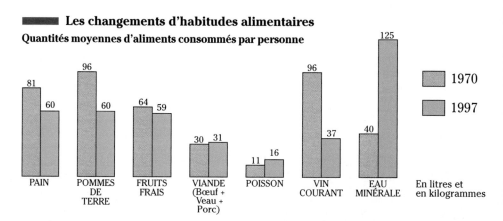

D'importants et récents changements modifient l'alimentation habituelle des Français. La consommation moyenne de pain est passée de 500 grammes par jour et par personne en 1910, à 325 g en 1950, à moins de 170 g aujourd'hui. La restauration collective qui concernait un Français sur 20 en 1950, un sur dix en 1975, concerne aujourd'hui plus d'un sur quatre et sert plus de 15 millions de repas chaque jour.

L'organisation des repas

L'organisation des repas reste traditionnelle. Si les Français depuis 1970 modifient le choix de leurs aliments, ils restent attachés aux trois repas : petit déjeuner, déjeuner, dîner, à leurs horaires et à leur composition : entrée, plat principal, salade, fromage, dessert.
S'ils sautent un repas, c'est de préférence le déjeuner pour 36 % d'entre eux, ou le petit déjeuner pour 24 %.

De la gastronomie au fast food

Quand ils ne mangent pas chez eux, les Français vont d'abord dans des restaurants (33 %), dans des bars ou des brasseries (17 %), dans des selfs ou des cantines (16 % chacun), dans des « fast food » (8,5 %).
La gastronomie n'est présente que dans une dizaine de milliers de restaurants et d'hôtels-restaurants sur les 90 000 existants.
Les repas sur le pouce se partagent entre les 76 000 débits de boisson qui servent des sandwichs et doivent résister au demi-millier de « fast food » qui s'installent au centre des villes. Mais la consommation annuelle du Français ne dépasse pas 2 hamburgers soit 2,4 % de son budget restauration.

LES GRANDS PLATS RÉGIONAUX

BIFTECK POMMES-FRITES
bœuf grillé ou poêlé accompagné de pommes taillées en allumettes et frites dans l'huile bouillante.

LAPIN AUX PRUNEAUX
lapin mariné aux aromates et cuit à feu doux dans une sauce au vin avec des pruneaux et des raisins secs.

QUICHE LORRAINE
fond de tarte salé et garni de lardons grillés sur lesquels on jette des œufs battus.

FICELLE PICARDE
crêpe au jambon avec une sauce béchamel aux champignons.

CHOUCROUTE
préparation de choux fermenté, arrosée de vin blanc, servie avec des pommes vapeurs, des saucisses, des côtes de porc, du jambon.

TRIPES A LA MODE DE CAEN
tripes cuites dans une cocotte en terre avec un pied de veau, du vin blanc, des légumes.

FONDUE BOURGUIGNONNE
petits cubes de viande de bœuf que les convives cuisent à leur gré dans un poêlon d'huile bouillante.

CRÊPES BRETONNES
galettes légères à base de sarrasin ou de froment, consommées salées ou sucrées, fourrées ou flambées.

FONDUE SAVOYARDE
fromage fondu dans du vin blanc sec assaisonné dans lequel chaque convive plonge un cube de pain.

MOUCLADE
moules préparées à la crème ou à la marinière avec du vin blanc et des échalotes.

QUENELLES DE BROCHET
chair de poisson pilée et travaillée avec du lait, de la crème, des jaunes d'œufs, divisée en quenelles, nappée d'un roux blanc.

ENTRECOTE BORDELAISE
morceau de bœuf surmonté de la moelle coupée en lamelles, servi avec une sauce au vin rouge.

CONFIT D'OIE OU DE CANARD
morceaux de volailles cuits à l'étouffée et conservés dans leur graisse. Servi chaud ou froid.

PÂTÉ DE POMMES DE TERRE
pâte légère rissolée au four garnie de pommes de terre, nappée de crème fraîche au moment de servir.

CASSOULET
mélange de viandes, épaule de mouton, saucisse de Toulouse, échine de porc, mitonné avec des haricots blancs.

BOUILLABAISSE
mélange de poissons de la Méditerranée, rascasse, rouget, girelle... cuit dans un bouillon au safran.

CADRE NATUREL

POPULATION

ORGANISATION

VIE ÉCONOMIQUE

COMMUNICATION

FRANCE ET MONDE

Les Français et le sport

> 59 % des Français, soit 36 millions d'individus, s'adonnent à la pratique d'un sport dans 70 000 stades, 19 000 gymnases et 36 000 piscines, 23,8 % des Français, soit 14,6 millions d'entre eux, sont licenciés dans l'une des 91 fédérations sportives nationales. Mais le sport est aussi un gigantesque enjeu économique.

Qui pratique un sport ?

La pratique sportive, très forte avant vingt ans, diminue avec le mariage, les enfants et l'âge. Pour les sports d'équipe, la pratique est seize fois plus faible dans la tranche d'âge 40-59 ans que dans celle des moins de vingt ans. L'habitant des grandes agglomérations urbaines fait plus de sport que celui des communes rurales. Enfin si 59 % des Français avouent avoir une activité sportive, le chiffre tombe à 42 % si l'on envisage une pratique régulière, une fois par semaine.

Les huit fédérations les plus importantes

	Licenciés	Clubs
Football	2 140 133	20 303
Tennis	1 064 773	9 417
Judo	564 783	5 797
Basket	426 888	4 799
Pétanque	423 234	7 466
Golf	301 902	1 373
Handball	300 545	2 471
Rugby	255 982	1 747

Le sport et l'argent

Le sport est un métier pour un peu plus de mille Français. Les footballeurs, avec plus de 500 joueurs professionnels, constituent le contingent le plus important. Ils sont suivis par le golf (1/4 des professionnels), la boxe et le cyclisme. Le sport automobile et le tennis ne comptent chacun que deux ou trois dizaines de professionnels.

Les enjeux de ces sports-spectacles dépassent la stricte compétition sportive. Si le vainqueur 2003 du tournoi de tennis de Roland Garros a empoché 840 000 euros, c'est qu'il fait vendre des articles de sport, vêtements ou accessoires. La publicité, autorisée sur les maillots des footballeurs en 1968, a, depuis, envahi les stades. Les voitures de formule 1 disparaissent sous les autocollants.

La presse sportive

La presse sportive est forte d'une vingtaine de titres, hebdomadaires ou mensuels très spécialisés, dont la diffusion globale dépasse 1 600 000 exemplaires vendus. L'intérêt pour le sport est tel qu'il permet, depuis 1944, l'existence d'un quotidien exclusivement sportif « L'Équipe » qui diffuse, en moyenne, 324 000 exemplaires par jour. Cela représente entre 480 à 560 000 lecteurs réguliers. Le chiffre monte à un million de lecteurs pour le numéro du samedi, à un million et demi pour le numéro du lundi qui rend compte des épreuves sportives du week-end.

■ **France du football et France du rugby**

Les principales fédérations de football et de rugby

rugby plus de 2 400 licenciés

football plus de 8 000 licenciés

Le football est présent sur l'ensemble du territoire français.

Le rugby est essentiellement pratiqué au sud d'une ligne La Rochelle/Bourg - en - Bresse avec une plus forte concentration dans le Sud - Ouest. Sa présence à Paris s'explique par le formidable réservoir de plus de 9 millions d'habitants de l'agglo- mération parisienne.

■ Le football

Le football est pratiqué en France par 2 140 133 personnes au sein de 20 303 clubs. Ses effectifs ont progressé de 19 % en dix ans.

20 clubs de ligue un et 20 clubs de ligue deux, animent la saison et disputent, au sein de chaque catégorie, un champion- nat de France.

Le championnat de France de ligue un attire une moyenne de 20 400 specta- teurs par match, celui de ligue deux 6 400. Les billets d'entrée vendus ne représentent que 49 % des recettes des clubs français qui ne parviennent pas à équilibrer leur budget malgré les impor- tantes ressources de la publicité. Aussi les municipalités sont - elles souvent mises à contribution pour verser des subventions.

Le ballon de football est rond. Il a une cir- conférence de 68 à 71 cm. Il pèse 396 à 452 grammes.

Le ballon de rugby est ovale. Il a un grand périmètre de 76 à 79 cm, un petit de 58 à 62 cm. Il pèse de 400 à 440 grammes.

■ Le rugby

Le rugby est pratiqué en France par 255 982 personnes au sein de 1 747 clubs. Ses effectifs ont progressé de 23 % en dix ans.

80 clubs de première division, répartis en deux groupes égaux, eux - mêmes divisés en 5 poules de 8, animent la sai- son et disputent un championnat de France.

Les joueurs de rugby sont amateurs. La fédération de rugby est misogyne : elle ignore les 31 clubs de rugby féminin qui ont dû créer, pour survivre, leur propre fédération.

Sports de masse, le rugby et le football sont aussi spectacles médiatiques. Leur audience à la télévision est comparable, ce qui est extraordinaire dans la mesure où le rugby compte 8 fois moins de licen- ciés que le football.

CADRE NATUREL
POPULATION
ORGANISATION
VIE ÉCONOMIQUE
COMMUNICATION
FRANCE ET MONDE

Les Français et la culture

Les Français consacrent, en moyenne, 5,6 % de leur budget à des dépenses d'ordre culturel. On a noté dans les vingt-cinq dernières années une progression spectaculaire des consommations audiovisuelles. Ces dernières sont la marque d'une percée d'une « culture de l'écran » qui rivalise désormais avec celle de l'imprimé.

La répartition des dépenses culturelles

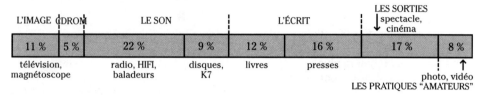

L'IMAGE	CDROM	LE SON		L'ÉCRIT		LES SORTIES spectacle, cinéma	
11 %	5 %	22 %	9 %	12 %	16 %	17 %	8 %
télévision, magnétoscope		radio, HIFI, baladeurs	disques, K7	livres	presses		photo, vidéo

LES PRATIQUES "AMATEURS"

Une hausse de fréquentation de cinémas

Source : CNC

millions de spectateurs

424 412
200
121

1947 50 55 57 60 65 70 75 80 85 88 90 95 97

Entre 1950 et 1980, le cinéma a perdu la moitié de ses spectateurs. Après un pic en 1982, le déclin a repris en raison de l'apparition de Canal+ et de la diffusion de plus de 1 000 films par an à la télévision. La fréquentation des 4 659 salles augmente pourtant aujourd'hui. C'est le fait d'un public jeune qui affectionne les nouvelles salles multiplexes.

La baisse des achats de livres

La baisse des achats de livres, dont il est difficile de déterminer les causes exactes, est sensible depuis le début des années 1980. Malgré tout, près de 400 éditeurs réalisent globalement un chiffre d'affaires de plus de 1,45 milliard d'euros (9,5 milliards de francs) en publiant, chaque année, un peu moins de 47 000 titres représentant quelques 415 millions de livres.

La crise du disque

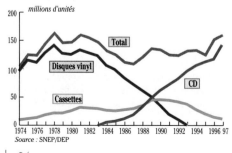

millions d'unités

Total
Disques vinyl
CD
Cassettes

1974 1976 1978 1980 1982 1984 1986 1988 1990 1992 1994 1996 97
Source : SNEP/DEP

40 % des Français écoutent des disques ou des cassettes au moins un jour sur deux ; ils étaient 15 % en 1975. Les ventes de disques et cassettes traduisent l'évolution des techniques. Mais elles souffrent des facilités à faire de la copie privée : platine double K7 hier et graveurs de CD aujourd'hui. 30 % des CD vierges sont utilisés pour faire de la copie pirate de musique.

Dans les trente dernières années, la fréquentation des monuments a doublé, passant de 2,5 à 5 millions de visiteurs. Celle des musées a été multipliée par 35, atteignant le chiffre de 70 millions d'entrées dont 15 pour les musées nationaux.

■ Les monuments historiques

Les monuments historiques classés sont au nombre de 13 600. 38 % sont des édifices religieux. C'est l'Arc de triomphe qui reçoit le plus de visiteurs : 950 000. Il est suivi par l'abbaye du Mont-Saint-Michel, la Sainte-Chapelle et Notre-Dame de Paris.

Le monument le plus visité de France, la tour Eiffel, avec 5 700 000 visiteurs, ne relève pas de la Caisse Nationale des Monuments Historiques.

■ Les musées de France

Le nombre de musées est estimé à 2 100 environ. Il existe, en effet, à côté des grands musées, une foule de petits musées privés appartenant à des particuliers, des associations, des entreprises.

Le plus grand nombre d'entrées est réalisé sur Paris. Le Louvre enregistre annuellement plus de 5 000 000 d'entrées, Orsay 3 000 000. Le Centre National d'Art et de la Culture Georges Pompidou, plus connu sous le nom de Beaubourg, reçoit plus de 6 000 000 de visiteurs, soit une moyenne de plus de 20 000 visiteurs par jour !

■ Des musées... du futur !

C'est en 1985 et en 1987 que se créent en France des musées d'un nouveau type : la Cité des Sciences et de l'Industrie à La Villette, le Futuroscope à Poitiers. Ils répondent au besoin croissant d'approcher et de comprendre les nouvelles technologies. Leur succès est

© Futuroscope

considérable et ils accueillent respectivement 4 500 000 et 2 900 000 visiteurs par an.

Au milieu d'immenses parcs, 55 hectares à La Villette, 70 au Futuroscope, se dressent des bâtiments à l'architecture audacieuse à l'intérieur desquels les sciences, les techniques de pointe, les communications d'aujourd'hui et de demain sont mises en scène pour que chacun puisse s'amuser, découvrir et apprendre.

C'est ainsi que la Géode à La Villette, et l'Omnimax au Futuroscope sont les deux seules salles de cinéma de ce type en France : l'image est projetée, grâce à un objectif « fish-eye » (œil de poisson), sur un écran hémisphérique de 1 000 m^2, en aluminium perforé pour la diffusion du son. Les projections sur cette gigantesque voûte donnent une impression remarquable de réalité.

| CADRE NATUREL |
| **POPULATION** |
| ORGANISATION |
| VIE ÉCONOMIQUE |
| COMMUNICATION |
| FRANCE ET MONDE |

Le logement des Français

La France compte 29 500 000 logements dont 24 525 000 résidences principales partagées entre 13,7 millions de propriétaires, 9,2 millions de locataires et 1 million de ménages logés par l'employeur. 2 008 000 logements sont vacants et il existe 2 961 000 résidences secondaires.

Propriétaires et locataires

Plus d'un ménage sur deux (56 %) est aujourd'hui propriétaire de sa résidence principale. La proportion était d'un sur trois en 1954.

Les propriétaires sont majoritaires dans un grand nombre de catégories sociales, notamment chez les agriculteurs où ils représentent 74 % des effectifs.

Les locataires sont majoritaires chez les employés, les ouvriers qualifiés et non qualifiés avec des pourcentages respectifs de 56 %, 50,5 % et 67 %.

L'accession à la propriété

Parmi les propriétaires, 21 % sont accédants à la propriété : ils remboursent encore mensuellement l'emprunt contracté pour l'achat de leur résidence principale. Pour cet emprunt, ils peuvent bénéficier, en fonction de leurs revenus, des « prêts aidés pour l'accession à la propriété » (PAP) et de « l'aide personnalisée au logement » (APL). Ce sont les ouvriers qualifiés qui contractent les plus gros emprunts (80 % du prix du logement), suivis par les ouvriers non qualifiés (76 %) et les cadres moyens (70 %).

Le règne de la maison individuelle

57 % des Français habitent des maisons individuelles. C'est leur mode d'habitation préféré. La maison est devenue majoritaire dans le parc immobilier français entre 1975 et 1982, et a représenté en 1984 jusqu'à 68 % des mises en chantier des logements (63 % depuis 1997). Cet attachement à la valeur plus symbolique que financière de la maison individuelle pose problème dans les régions en crise économique : il restreint souvent la mobilité dans la recherche d'un nouvel emploi.

Le nombre de pièces dans chaque logement

Le nombre moyen de pièces par logement est passé de 3,1 à 4 entre 1962 et 1992.

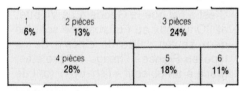

Nota : une pièce partagée par une amorce de cloison est comptée pour deux pièces. Ne sont pas comptés les couloirs, entrées, salles de bains…

Les résidences secondaires

Les résidences secondaires sont des habitations utilisées seulement une partie de l'année par des personnes ayant plusieurs résidences. Les Français les occupent relativement peu : 16 % d'entre eux y séjournent régulièrement ; 45 % ne s'y rendent que rarement, voire jamais.

LE CONFORT DES FRANÇAIS

■ L'amélioration du confort

19 620 000 résidences principales, soit 4/5 d'entre elles, offrent tout le confort, c'est-à-dire qu'elles disposent à la fois de l'eau courante, de W.-C. intérieurs, d'une baignoire ou d'une douche et du chauffage central.
La proportion était d'une sur deux en 1975.

Proportion de résidences principales ayant tout le confort par région

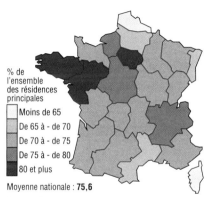

% de l'ensemble des résidences principales

☐ Moins de 65
De 65 à - de 70
De 70 à - de 75
De 75 à - de 80
■ 80 et plus

Moyenne nationale : **75,6**

Source : INSEE (Recensement général de la population de 1990)

C'est en zone urbaine que le confort est plus répandu. 68 % des résidences principales possèdent tout le confort contre seulement 46 % en zone rurale.

■ La prééminence de la cuisine

Malgré la concurrence de la salle de séjour et du salon, la cuisine abrite encore la majorité des repas des Français : 81,5 % des petits déjeuners, 72,7 % des repas de midi en semaine, 64,6 % des repas du soir en semaine, 55,2 % des repas dominicaux, mais seu-

lement 15,4 % des repas avec invités. Pour ces derniers c'est autant l'exiguïté de la plupart des cuisines que l'apparat de la réception qui expliquent la faiblesse du pourcentage. Quant à la baisse sensible observée en semaine entre le repas du midi et celui du soir, elle est due au fait que 40 % des ménages mangent en regardant le journal télévisé, or il n'y a un téléviseur que dans une cuisine sur sept.

■ L'équipement des ménages

Taux d'équipement des ménages

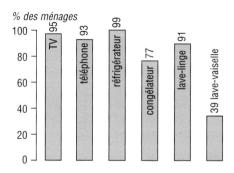

L'équipement en réfrigérateurs est arrivé à saturation, l'équipement en télévision n'en est pas loin.
Pour le téléphone, les progrès sont récents : seuls 15 % des ménages l'avaient en 1968, 26 % en 1975. Mais en 2002, 15 % des possesseurs de téléphone fixe, ont résilié leur abonnement pour n'utiliser que leur téléphone portable.

L'amélioration du confort et la généralisation de l'équipement des foyers français en télévision, téléphone et gros électro-ménager est l'un des faits marquants qui a modifié en profondeur le mode de vie des Français au cours des trente-cinq dernières années.

CADRE NATUREL

POPULATION

ORGANISATION

VIE ÉCONOMIQUE

COMMUNICATION

FRANCE ET MONDE

Départements et régions

La France compte 96 départements et 22 régions en métropole ;
4 départements d'outre-mer qui sont autant de régions. L'établissement de départements et de régions est le résultat de la
longue histoire des découpages territoriaux qui ont vu s'affronter les partisans de la centralisation et ceux du régionalisme.

■■■■ Le découpage départemental

Le découpage départemental est le fait de la Révolution. Trois principes ont guidé
sa réalisation en 1790 :
— la taille des départements devait être semblable : 6 100 km^2 en moyenne ;
— le chef-lieu devait être situé de telle sorte que l'on puisse s'y rendre à cheval en
une journée de n'importe quel point du département ;
— les noms donnés aux départements devaient gommer les vieilles références historiques et provinciales : ce sont des noms de rivières ou de montagnes.

■■■■ Le découpage régional

Le découpage régional actuel existe dans les faits depuis 1960. Des « circonscrip-
tions d'action régionale » avaient été définies, selon des critères économiques,
pour servir de cadre aux plans régionaux d'aménagement du territoire. La loi du
2 mars 1982 a transformé la région, simple circonscription technique, en collecti-
vité territoriale ayant un pouvoir autonome et exerçant des compétences
jusqu'alors réservées à l'État.

■■■■ Départements et régions

Alsace
67 Rhin (Bas-)
68 Rhin (Haut-)

Aquitaine
24 Dordogne
33 Gironde
40 Landes
47 Lot-et-Garonne
64 Pyrénées-Atlan.

Auvergne
03 Allier
15 Cantal
43 Loire (Haute-)
63 Puy-de-Dôme

Bourgogne
21 Côte-d'Or
58 Nièvre
71 Saône-et-Loire
89 Yonne

Bretagne
22 Côtes d'Armor
29 Finistère
35 Ille-et-Vilaine
56 Morbihan

Centre
18 Cher
28 Eure-et-Loir
36 Indre
37 Indre-et-Loire
41 Loir-et-Cher
45 Loiret

Champ.-Ardenne
08 Ardennes
10 Aube
51 Marne
52 Marne (Haute-)

Corse
2A Corse-du-Sud
2B Haute-Corse

Franche-Comté
25 Doubs
39 Jura
70 Saône (Haute-)
90 Belfort (Ter. de)

Ile-de-France
75 Paris
77 Seine-et-Marne
78 Yvelines
91 Essonne
92 Hauts-de-Seine
93 Seine-St-Denis
94 Val-de-Marne
95 Val-d'Oise

Languedoc-Rous.
11 Aude
30 Gard
34 Hérault
48 Lozère
66 Pyrénées-Orien.

Limousin
19 Corrèze
23 Creuse
87 Vienne (Haute-)

Lorraine
54 Meurthe-et-
    Moselle
55 Meuse
57 Moselle
88 Vosges

Midi-Pyrénées
09 Ariège
12 Aveyron
31 Garonne (Hte-)
32 Gers
46 Lot
65 Pyrénées (Htes-)
81 Tarn
82 Tarn-et-Garon.

Basse-Normandie
14 Calvados
50 Manche
61 Orne

Haute-Normandie
27 Eure
76 Seine-Maritime

Nord-Pas-de-Calais
59 Nord
62 Pas-de-Calais

Pays de la Loire
44 Loire-Atlant.
49 Maine-et-Loire
53 Mayenne
72 Sarthe
85 Vendée

Picardie
02 Aisne
60 Oise
80 Somme

Poitou-Charentes
16 Charente
17 Charente-Mari-
    time
79 Sèvres (Deux-)
86 Vienne

**Provence-Alpes-
Côte-d'Azur**
04 Alpes-de-Haute-
    Provence
05 Alpes (Htes-)
06 Alpes-Maritimes
13 Bouches-du-
    Rhône
83 Var
84 Vaucluse

Rhône-Alpes
01 Ain
07 Ardèche
26 Drôme
38 Isère
42 Loire
69 Rhône
73 Savoie
74 Savoie (Hte-)

LES 22 RÉGIONS MÉTROPOLITAINES

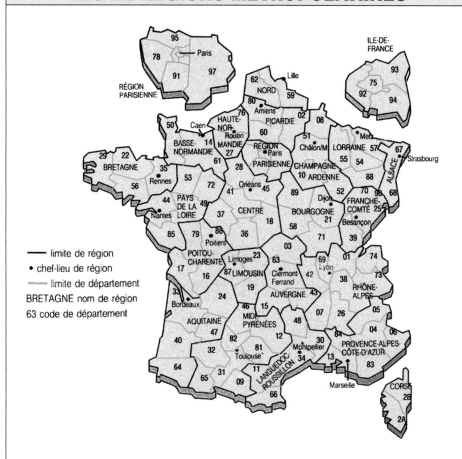

■ Les régions

Les plus étendues	Les moins étendues	Les plus peuplées	Les moins peuplées
Midi-Pyrénées 45 348 km²	Corse 8 680 km²	Île-de-France 11 200 000 h	Corse 262 000 h
Rhône-Alpes 43 698 km²	Alsace 8 280 km²	Rhône-Alpes 5 699 000 h	Limousin 709 000 h
Aquitaine 41 308 km²	Île-de-France 12 012 km²	Provence-Alpes-Côte-d'Azur 4 557 000 h	Franche-Comté 1 119 000 h
Centre 39 151 km²	Haute-Normandie 12 317 km²	Nord-Pas-de-Calais 3 995 000 h	Auvergne 1 307 000 h

CADRE NATUREL

POPULATION

ORGANISATION

VIE ÉCONOMIQUE

COMMUNICATION

FRANCE ET MONDE

La France maritime

10 millions de kilomètres carrés marins bordent la métropole et les DOM-TOM. Cela place la France au 3ᵉ rang des 118 nations maritimes du monde, après les États-Unis (13 millions de km²) et la Grande-Bretagne (10,5 millions de km²). C'est aux DOM-TOM que la France doit ce rang mondial.

Eaux territoriales et zones économiques exclusives

Ligne côtière établie selon la « laisse de basse mer », c'est-à-dire le rivage des marées les plus basses.

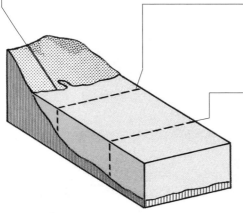

Limite des eaux territoriales établie à 12 milles nautiques (22 km) de la ligne côtière.
La France peut interdire le passage à tout navire qui n'est pas « inoffensif ».

Limite de la Zone Économique Exclusive établie à 200 milles nautiques (370 km) de la ligne côtière.
La France exerce dans cette zone des droits « souverains et exclusifs » sur les ressources vivantes et minérales des eaux du sol et du sous-sol.
La navigation y est totalement libre.

Îles et îlots des Dom-Tom

Les îles et îlots des Dom-Tom permettent à la France de disposer d'un immense espace maritime. Pour une superficie terrestre de 112 805 km², la Zone Économique Exclusive des Dom-Tom s'étend sur 9 222 810 km² marins. Les îles de la Nouvelle-Calédonie, par exemple, ont une superficie de 19 058 km² et une ZEE de 2 105 000 km². L'îlot — aujourd'hui inhabité — de Clipperton, à 3 000 km des côtes mexicaines, donne à la France la libre disposition d'une ZEE de 430 000 km² marins.

La mise en valeur des richesses marines

La mise en valeur des richesses marines est le fait de l'Institut Français de Recherche pour l'Exploitation de la Mer (IFREMER). C'est lui qui élabore la politique à suivre : gestion rationnelle des produits de la pêche, prospection de gisements pétroliers sous-marins, mise en exploitation des nodules polymétalliques. Ces nodules sont des concrétions pierreuses dans lesquelles manganèse, nickel, cobalt et cuivre représentent au moins 2,6 % de leur poids sec. Leur ramassage n'est pas aisé. Les nodules sont situés sous 4 500 à 5 500 mètres d'eau et leur exploitation industrielle, difficile et coûteuse, ne pourra exister qu'autour de l'an 2000.

ZONES MARINES MÉTÉOROLOGIQUES

Carte des zones marines météorologiques avec les repères suivants :

- **VIKING BANK 1**
- **2**
- **UTSIRE**
- **OUEST ÉCOSSE 14**
- **FLADEN GROUND 3**
- **FISHER BANK 4**
- **NORD IRLANDE 15**
- **TYNE 5**
- **DOGGER BANK 6**
- **GERMAN BIGHT 7**
- **MER D'IRLANDE 17**
- **HUMBER 8**
- **OUEST IRLANDE 16**
- **9**
- **SANDETTIE**
- **SUD IRLANDE 18**
- **MANCHE EST 10**
- **MANCHE OUEST 11**
- **SOLE 19**
- **OUEST BRETAGNE 12**
- **NORD GASCOGNE 13**
- **SUD GASCOGNE 21**
- **CAP FINISTÈRE 20**
- **OUEST PORTUGAL**
- **GÊNES 531**
- **532**
- **LION 521**
- **PROVENCE 522**
- **OUEST CORSE**
- **EST CORSE 533**
- **OUEST SARDAIGNE 523**
- **EST SARDAIGNE 534**
- **NORD BALÉARES 513**
- **25**
- **SUD BALÉARES 512**
- **SUD SARDAIGNE 524**
- **ALBORAN 511**

Légende :

- ▨ Zone économique exclusive des 200 Milles
- ☐ **SOLE 19** Zones marines météorologiques

71

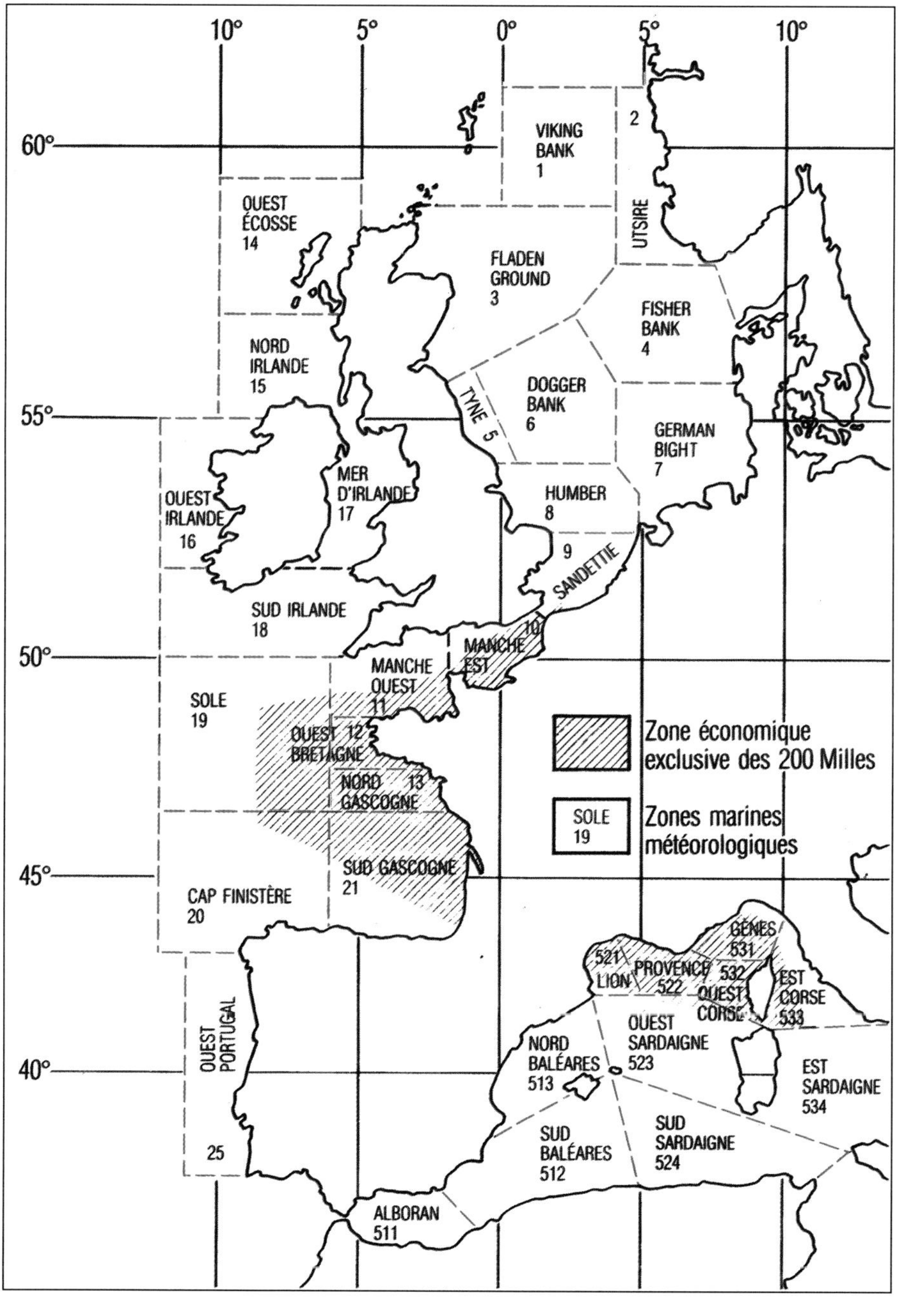

| CADRE NATUREL |
| POPULATION |
| **ORGANISATION** |
| VIE ÉCONOMIQUE |
| COMMUNICATION |
| FRANCE ET MONDE |

La France scolaire

12 272 000 élèves suivent, dans 59 300 écoles primaires et 11 103 collèges et lycées, une scolarité encadrée par 813 000 enseignants. 2 159 000 étudiants suivent, dans 74 universités, les cours de 83 034 professeurs. En 1992 que, pour la première fois, plus de la moitié des jeunes en âge de passer le bac l'ont obtenu.

La composition du corps enseignant

selon le sexe et le niveau d'enseignement (en pourcentage)

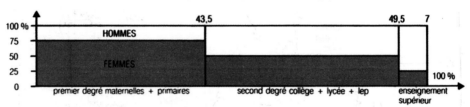

L'allongement de la scolarité

L'allongement de la scolarité est sensible. L'âge moyen de fin de scolarisation se situe aujourd'hui vers 18 ans (16 ans en 1973). Un jeune sur deux ne quitte l'école qu'à 19 ans ou plus. Il y a plusieurs raisons :
– l'échec scolaire : un élève sur trois parvient en sixième après avoir redoublé une classe primaire ;
– la recherche d'une qualification plus poussée : elle permet de mieux résister au chômage ;
– le chômage des jeunes : l'attrait d'un salaire immédiat pour certaines familles n'entre plus en rivalité avec le maintien à l'école.

Les sorties du système éducatif

Le niveau de sortie du système éducatif est en étroite relation avec les risques de chômage qui sont d'autant plus grands que le niveau scolaire est faible. Les titulaires d'un CAP ou d'un BEP trouvent plus facilement du travail que les non diplômés, même si c'est au prix d'un déclassement professionnel et après plusieurs mois de chômage. Il en va de même pour les titulaires du baccalauréat, mais le déclassement est moins fréquent. Pour les filières supérieures, notamment les filières courtes et techniques (Bac + 2, BTS, DUT…) mieux adaptées au marché de l'emploi, le délai de chômage est bref, voire inexistant.

2,3 millions d'illettrés

2,3 millions de Français de plus de 15 ans peuvent être considérés comme illettrés. Près de la moitié d'entre eux n'ont pas eu le français comme langue maternelle. Un élève sur 5 qui entre en sixième ne sait pas lire correctement.
L'illettré est incapable de lire ou d'écrire « en le comprenant, un exposé simple et bref de faits en rapport avec la vie quotidienne » (d'après l'Unesco).

LES DIPLÔMES DES FRANÇAIS

Les diplômes des Français de plus de 15 ans
(en pourcentage pour chacun des sexes)

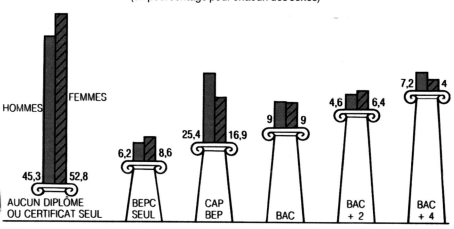

■ Des Français plus diplômés

Évolution du nombre de bacheliers		
Années	**Nb de bacheliers**	**% de bacheliers dans une génération**
1901	7 126	0,9 %
1955	41 433	7,2 %
1969	137 015	16,2 %
1979	215 604	25,3 %
1989	383 815	45,9 %
1994	457 810	58,0 %
1999	575 000	61,0 %
2002	475 500	60,9 %

Le niveau général d'instruction a considérablement augmenté en France. Le nombre de diplômés, qu'il s'agisse de titulaires d'un CAP, d'un BEP ou d'un baccalauréat, ne cesse d'augmenter.

En admettant qu'il existe un écart moyen de 28 ans entre parents et enfants, on constate que les jeunes sont quatre fois plus bacheliers que leurs parents, quinze fois plus que leurs grands-parents et trente fois plus que leurs arrière-grands-parents.

■ 80 % de bacheliers !

En 2002, ce sont 603 700 candidats qui se sont présentés à l'examen du baccalauréat. 475 500 ont été reçus, ce qui porte le taux de réussite à 78,8 %. Le taux de réussite au baccalauréat général atteint même 80,3 %. Les écarts de réussite entre les académies demeurent minimes. Si l'on prend en compte l'ensemble des générations, 25 % des Français sont bacheliers. Si l'on considère une classe d'âges, la proportion de jeunes d'une génération qui obtiennent le baccalauréat tourne autour de 60 %, celle de jeunes se présentant aux épreuves et revendiquant le « niveau bac », autour de 69 %.

Dans un monde où l'insertion professionnelle est d'autant plus difficile que le niveau d'instruction est faible, la France n'a pas le choix. L'un des remèdes aux problèmes de l'emploi passe par une augmentation du niveau de qualification des Français.

CADRE NATUREL
POPULATION
ORGANISATION
VIE ÉCONOMIQUE
COMMUNICATION
FRANCE ET MONDE

La France militaire

Les dépenses militaires de la France représentent 14,5 % du budget de l'État. L'armée française vit une importante mutation, puisqu'elle est désormais composée de professionnels. Le nombre d'appelés au service national actif n'a cessé de diminuer : 2 500 000 appelés en 1995, 100 000 en 1999.

■ Les effectifs militaires (en 1999)

Section commune   Terre   Air   Gendarmerie   Marine

316 639 professionnels
106 837 appelés
102 026 civils

	Section commune	Terre	Air	Gendarmerie	Marine
Active	13 316	117 853	59 804	80 340	45 326
Civil	52 830	32 794	5 603	1 782	9 017
Appelés	5 174	68 891	10 998	13 476	8 298
Total	71 320	219 538	76 405	95 598	62 641

■ Le budget de la défense (en %)

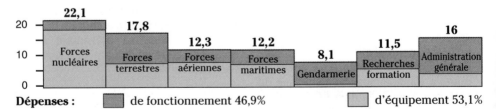

Dépenses : ■ de fonctionnement 46,9%   □ d'équipement 53,1%

■ Forces nucléaires et forces conventionnelles

□ Les forces nucléaires représentent 21 300 hommes (6 % des effectifs) dont près de 11 000 civils et près de 5 000 appelés. Elles sont des forces de dissuasion. Elles découragent un éventuel agresseur en lui faisant craindre une terrible riposte.
□ Les forces conventionnelles terrestres, aériennes ou maritimes doivent détecter une éventuelle agression et défendre l'intégrité du territoire.

DU SERVICE NATIONAL ACTIF À LA JOURNÉE APD

■ Depuis quand ?

La loi Jourdan de 1798 a établi le principe de la conscription, c'est-à-dire l'obligation d'effectuer un service militaire.
La loi du 21 mars 1905 a rendu le service militaire obligatoire pour tous les hommes.

■ Appelés, exemptés et dispensés

Le réservoir annuel moyen était de l'ordre de 400 000 hommes, desquels il fallait déduire les engagés (2,5 %).
75 % seulement des jeunes étaient appelés au service militaire.
18 à 20 % d'entre eux étaient exemptés pour des raisons médicales.
5 à 6 % d'entre eux étaient dispensés à titre de compensation (pupille de la nation), pour des raisons administratives (double nationalité, résident à l'étranger), pour des raisons sociales (soutien de famille).
0,6 % d'entre eux étaient objecteurs de conscience. Opposés à l'usage des armes, pour des raisons de conscience, ils effectuaient, après reconnaissance de leur statut, un service civil de 20 mois.

■ La journée d'appel de préparation à la défense (APD)

La disparition du service national actif a été effective en 2002, il a donc été institué un « rendez-vous citoyen » obligatoire pour tous les jeunes gens, et bientôt pour toutes les jeunes filles. Les jeunes doivent, dès 16 ans, se faire recenser dans leur mairie avant de participer à une journée de préparation à la défense qui se déroule dans une caserne à proximité de leur domicile.

Il s'agit à la fois de développer « l'esprit de défense » chez les jeunes Français, de permettre à l'armée de repérer des candidats susceptibles de s'engager et de leur faire passer une série de tests sur la pratique de la langue française.
Le recensement en mairie et la participation à la journée donnent lieu à la délivrance d'attestations indispensables pour se présenter à tout examen.

■ L'emploi du temps d'une journée APD

8 h 30	Accueil
9 h 30	Les enjeux de la défense : pourquoi se défendre ?
	Pause
10 h 45	Les objectifs de la défense : comment et avec qui se défendre ?
11 h 45	Évaluation des acquis scolaires
12 h 30	Le devoir de mémoire. Film sur le sacrifice des générations passées
	Déjeuner
13 h 30	Évaluation (suite et fin)
14 h 30	L'organisation de la défense
	Pause
15 h 15	Les métiers de la défense
16 h 15	Bilan
16 h 30 - 17 h	Entretien et remise des certificats de participation

Parfois subi comme une contrainte, le service militaire a longtemps évité la création d'une armée de métier, coupée de la Nation. En février 1996, le président de la République, Jacques Chirac, a cependant rendu public un projet de professionnalisation des armées qui a mis fin au service militaire en 2002.

CADRE NATUREL
POPULATION
ORGANISATION
VIE ÉCONOMIQUE
COMMUNICATION
FRANCE ET MONDE

La France policière

124 960 policiers dont 63 000 en tenue, 88 260 gendarmes dont 10 000 gendarmes auxiliaires du contingent font respecter la loi et assurent la sécurité des Français.
Les services de police et de gendarmerie comptabilisent en moyenne, chaque année 4 110 000 crimes et délits.

▬▬▬ La police et la gendarmerie

La police nationale est organisée en cinq services : la sécurité publique, elle-même divisée en police urbaine et en compagnies républicaines de sécurité ; la police judiciaire ; les renseignements généraux ; la surveillance du territoire ; la police de l'air et des frontières.

La gendarmerie est une force militaire organisée en 278 brigades. Elle effectue, pour le tiers de ses activités, des tâches de police judiciaire, notamment dans les campagnes. 17 000 gendarmes sont officiers de police judiciaire.

▬▬▬ La criminalité constatée

Répartition de la criminalité par grandes catégories de crimes et délits (en pourcentages)

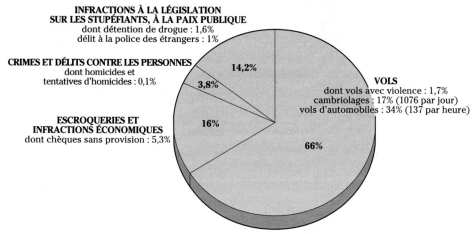

INFRACTIONS À LA LÉGISLATION
SUR LES STUPÉFIANTS, À LA PAIX PUBLIQUE
dont détention de drogue : 1,6%
délit à la police des étrangers : 1%

CRIMES ET DÉLITS CONTRE LES PERSONNES
dont homicides et
tentatives d'homicides : 0,1%

ESCROQUERIES ET
INFRACTIONS ÉCONOMIQUES
dont chèques sans provision : 5,3%

VOLS
dont vols avec violence : 1,7%
cambriolages : 17% (1076 par jour)
vols d'automobiles : 34% (137 par heure)

14,2%
3,8%
16%
66%

20 804 000 infractions à la circulation routière
(2375 par heure !) ne sont pas prises en compte dans les chiffres de la criminalité constatée.

On évalue à 7 millions le nombre de personnes qui ont, en France, consommé au moins une fois une drogue dans leur vie.

▬▬▬ La criminalité élucidée

1 027 500 crimes et délits, soit 25 % du total, sont élucidés chaque année. Mais les succès sont inégaux. Les escroqueries sont résolues à 95 % alors que seuls 14 % des auteurs de cambriolages sont identifiés et arrêtés. Et si 80 % des voitures volées sont retrouvées, 7 % seulement des auteurs de ces vols se font prendre.

TAUX DE DÉLINQUANCE PAR DÉPARTEMENT

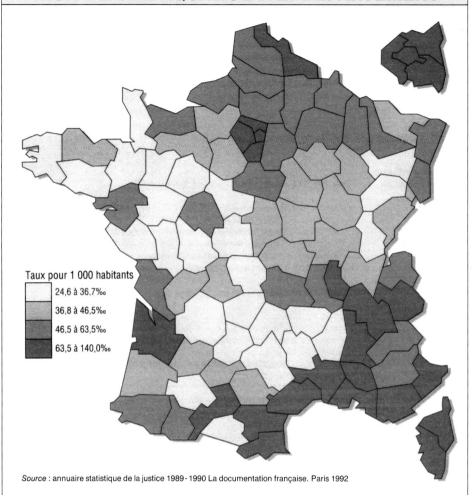

Source : annuaire statistique de la justice 1989-1990 La documentation française. Paris 1992

Le taux de délinquance est le rapport à la population de chaque département du nombre d'infractions constatées, à l'exception de celles concernant la circulation routière.

Un ménage sur six passe, chaque année, la porte d'un commissariat de police ou d'une brigade de gendarmerie pour déposer une plainte. Mais la criminalité est plus forte en milieu urbain qu'en milieu rural.

Les départements les plus touchés sont, dans l'ordre, Paris, suivi par les Bouches-du-Rhône, le Nord, les Alpes-Maritimes et la Seine-Saint-Denis.

Les départements les moins touchés sont dans l'ordre la Lozère, suivie de la Creuse, du Cantal, de l'Ariège et du Gers.

CADRE NATUREL

POPULATION

ORGANISATION

VIE ÉCONOMIQUE

COMMUNICATION

FRANCE ET MONDE

La France judiciaire

6 400 juges rendent la justice et traitent, chaque année, plus de 4 millions et demi d'affaires réparties entre juridictions civiles et pénales. Pour 1 000 condamnés majeurs, 360 le sont à des peines privatives de libertés. 108 des 187 prisons françaises sont surpeuplées : il y a 57 500 détenus pour 50 000 places.

▄▄▄▄ Un an d'activité de la justice

Nombre d'affaires traitées en %	Affaires entre particuliers (justice civile)
10,53	– Litiges simples portant sur un loyer, un non-paiement de pension alimentaire, une somme inférieure à 7 600 €.
10,12	– Litiges plus graves relatifs à un divorce, une succession, un contrat de mariage, une somme supérieure à 7 600 €.
6,79	– Conflits entre commerçants relatifs à un acte commercial.
3,83	– Conflits entre employeur et salarié.
	Infractions au code pénal (justice pénale)
51,03	– Contraventions : ce sont les infractions les moins graves qui exposent jusqu'à 3 000 € d'amende.
13,24	– Délits : ces infractions (vols, escroqueries…) peuvent exposer jusqu'à 20 ans de prison.
0,07	– Crimes : ces infractions (hold-up, viols, meurtres) peuvent exposer à la prison à perpétuité.
3,84	**Appel après un premier jugement.**
0,52	**Pourvois en cassation.**

▄▄▄▄ Un an de condamnation et de réduction de peine

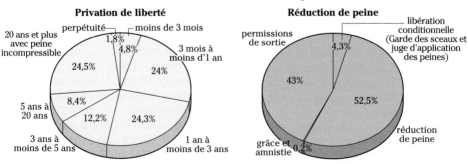

Privation de liberté

Réduction de peine

La libération conditionnelle intervient quand le détenu a accompli la moitié de sa peine. La réduction de peine (3 mois par an) est accordée en cas de bonne conduite ou de réussite à un examen.

LE MONDE DES PRISONS

■ Maison d'arrêt ou centrale ?

Le mot prison recouvre des réalités différentes. L'administration pénitentiaire distingue :

— les maisons pour peines : maisons centrales (6) et centres de détention (49) qui reçoivent les condamnés à une peine de plus d'un an.

— les maisons d'arrêt (119) qui reçoivent les condamnés à une peine inférieure à un an et les prévenus.

■ Le personnel des prisons

L'administration pénitentiaire emploie 25 086 fonctionnaires parmi lesquels 19 771 surveillants, 2 002 éducateurs et assistants sociaux, 163 infirmiers et 330 directeurs et sous-directeurs.

■ La population carcérale

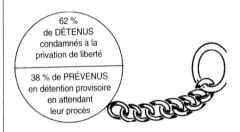

62 %
de DÉTENUS
condamnés à la
privation de liberté

38 % de PRÉVENUS
en détention provisoire
en attendant
leur procès

La population carcérale connaît une forte surreprésentation des hommes, des jeunes, des célibataires et des étrangers.

Les femmes ne représentent que 4 % de ceux qui sont en prison. 32 % des incarcérés ont moins de 25 ans, 83 % moins de 40 ans. Les 3/4 sont célibataires. La proportion d'étrangers est de 24 % ; plus de la moitié d'entre eux viennent du Maghreb.

Le niveau d'instruction est faible : 25 % seulement ont fait des études secondaires, 12 % sont illettrés.

■ Les incidents en détention

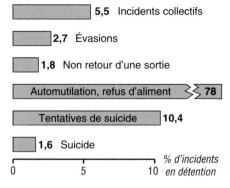

5,5 Incidents collectifs

2,7 Évasions

1,8 Non retour d'une sortie

Automutilation, refus d'aliment **78**

Tentatives de suicide **10,4**

1,6 Suicide

0   5   10   *% d'incidents en détention*

■ Le travail en prison

33 % des détenus disposent d'un emploi en prison. 73 % des détenus dans les maisons pour peines travaillent, 30 % seulement dans les maisons d'arrêt.

Le travail va de la production industrielle en atelier, sous le contrôle de la régie industrielle des établissements pénitentiaires, au travail en cellules pour une entreprise sous contrat.

Les salaires sont bas. Les détenus, peu qualifiés dans leur ensemble, sont peu autonomes au travail. La grande majorité d'entre eux essaient surtout d'échapper à 23 heures quotidiennes de cellule.

Le détenu dispose de 50 % de son salaire net. Le reste est prélevé pour participation aux frais, indemnisation des victimes et constitution d'un pécule de sortie.

Plus que la surpopulation des prisons, 115 prisonniers pour 100 places, c'est le nombre très élevé de prévenus qui fait l'originalité du système carcéral français.

CADRE NATUREL
POPULATION
ORGANISATION
VIE ÉCONOMIQUE
COMMUNICATION
FRANCE ET MONDE

La France électorale

41 194 000 électeurs, tel était en juin 2002 le nombre de Français inscrits pour participer à l'élection des 577 députés de l'Assemblée nationale. Au-delà des changements de majorité (présidentielles de 1995, législatives de 2002), il existe une permanence du comportement électoral.

La participation électorale

La participation électorale varie selon les scrutins et tourne autour de 80 %. En juin 2002, elle n'a toutefois pas dépassé 65 %. L'abstention, toujours plus forte en ville qu'en campagne, est le fait des moins de 35 ans et des personnes âgées, notamment les plus de 80 ans. Pour expliquer leur non participation au scrutin, trois abstentionnistes sur dix avancent leur dégoût de la politique, deux sur dix invoquent la multiplicité des scrutins et cinq sur dix prétextent un empêchement de dernière minute : maladie, incident majeur…

L'implantation géographique des partis

L'implantation géographique des partis présente aujourd'hui moins de contrastes qu'il y a 40 ans : l'utilisation de la radio et de la télévision lors des campagnes électorales a provoqué une uniformisation des attitudes. Ainsi s'explique l'homogénéité de l'implantation des grands courants politiques traditionnels de gauche et de droite qui ont de fortes positions locales, des bastions, et qui ne connaissent plus l'existence de « terres de mission », c'est-à-dire de zones dont ils seraient totalement absents.

Les comportements électoraux traditionnels

Les facteurs d'explication des comportements électoraux sont très variés et aucun ne semble déterminant à lui seul. Ils varient en plus en fonction du type de la consultation électorale et des conditions politiques dans lesquelles elle a lieu.

L'âge et le sexe de l'électeur ne semblent pas influencer de façon déterminante son vote. Il n'en est pas de même pour son niveau de ressources et son appartenance à une catégorie socioprofessionnelle. Les statistiques mettent en évidence que les catégories aux ressources élevées votent en majorité à droite, que les ouvriers, employés et cadres moyens votent majoritairement à gauche. Par ailleurs, une carte des régions de forte pratique religieuse révèle de grandes similitudes avec celles des votes à droite. Toutefois ces constatations souffrent de nombreuses exceptions.

Vers de nouveaux comportements ?

Dans les derniers scrutins, les intérêts personnels ont pris le dessus sur les solidarités de groupes socio-professionnels. Confrontés à l'effondrement des grands repères idéologiques, au chômage, au sentiment d'insécurité, les Français ont voté en fonction de motivations très individuelles résultant de leurs existences particulières : milieu familial, cadre de vie, angoisse face à l'emploi, comptes à régler, revanche à prendre.

IMPLANTATION ÉLECTORALE DES PARTIS

Partis de la gauche plurielle
Parti socialiste
+ Parti communiste
+ Verts
+ Mouvement des citoyens

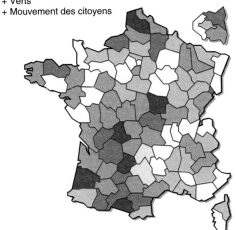

| | 0-35 | 35-40 | 40-45 | 45-50 | 50-55 | 55-100 |

En pourcentage de votes « exprimés »

Partis de la droite républicaine
Rassemblement Pour la République
+ Union pour la Démocratie Française
+ Centre National des Indépendants et paysans
+ Mouvement pour la France

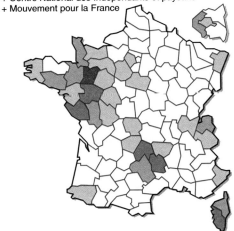

CADRE NATUREL
POPULATION
ORGANISATION
VIE ÉCONOMIQUE
COMMUNICATION
FRANCE ET MONDE

La France médicale

148 milliards d'euros, telle est la dépense de consommation médicale des Français, soit 2 437 euros par habitant. Avec 198 700 médecins, soit à peu près un médecin pour 296 habitants, la France se situe en Europe après l'Espagne (237), l'Allemagne (293) et avant la Grande-Bretagne (310) et les Pays-Bas (396).

▄▄▄ Les effectifs des professions de santé

Professions de santé réglementées			
professions médicales		**professions paramédicales**	
médecins	198 700	infirmier(e)s	410 859
pharmaciens	62 054	masseurs-kiné.	55 438
dentistes	40 481	orthophonistes	14 323
sages-femmes	15 122	pédicures	6 000

Au total, plus de 800 000 personnes exercent une fonction médicale ou paramédicale. Les femmes représentent 63 % des pharmaciens, mais seulement 37 % des médecins. 3 236 établissements hospitaliers, publics et privées, offrent 471 521 lits.

▄▄▄ Les médecins spécialistes

Les médecins spécialistes représentent 51 % de l'effectif des médecins. Sur 100 spécialistes, il faut compter 13 chirurgiens, 7 radiologues, 9 anesthésistes, 5 gynécologues, 6 pédiatres, 5 ophtalmologistes et 13 psychiatres.

▄▄▄ La répartition de la consommation médicale

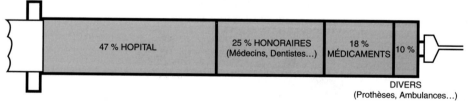

47 % HOPITAL — 25 % HONORAIRES (Médecins, Dentistes…) — 18 % MÉDICAMENTS — 10 %

DIVERS
(Prothèses, Ambulances…)

La consommation médicale représente plus de 10 % du budget d'un ménage. C'est le quatrième poste budgétaire (voir page 43).

▄▄▄ La surconsommation de médicaments

Le Français est l'un des plus gros consommateurs de médicaments au monde, notamment de tranquillisants. Chaque ordonnance compte en moyenne 3,5 lignes pour moins de 2 en Europe. Il est vrai qu'il existe en France plus de 4 500 médicaments, une pharmacie pour 2 500 habitants et 12 000 visiteurs médicaux, envoyés des laboratoires, qui présentent sans cesse de nouveaux médicaments aux médecins.

T.V.A : 7 %
GROSSISTE : 7 %
PHARMACIEN : 30 %
LABORATOIRE : 56 %

Le prix d'un médicament

DE FORTES INÉGALITÉS RÉGIONALES

■ Nombre d'actes médicaux par médecin par département

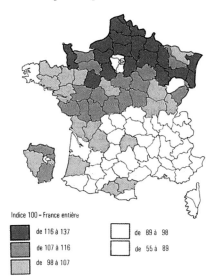

Indice 100 = France entière

■ de 116 à 137	□ de 89 à 98
■ de 107 à 116	□ de 55 à 89
■ de 98 à 107	

■ Nombre de médecins par département pour 10 000 habitants

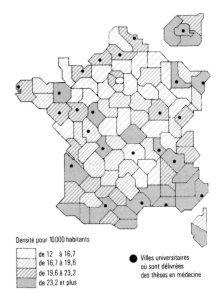

Densité pour 10 000 habitants

de 12 à 16,7
de 16,7 à 19,6
de 19,6 à 23,2
de 23,2 et plus

● Villes universitaires où sont délivrées des thèses en médecine

■ Des inégalités d'équipement

L'offre de soins est plus importante au sud de la Loire. Dans la moitié nord du pays, la densité de médecins est forte en Île-de-France et en Alsace.
Les écarts de densité sont forts et vont du simple au double. De façon générale, les régions qui possèdent le plus grand nombre de médecins ont aussi le plus grand nombre de pharmacies, de chirurgiens-dentistes et de lits d'hôpitaux.
Les inégalités constatées sont certes liées à l'attrait du soleil ou de la capitale, mais aussi à l'implantation des facultés de médecine et au nombre de médecins formés par ces facultés dans un passé récent.

■ Des inégalités de consommation

La demande de soins par médecin est plus importante au nord de la Loire. Cela semble logique puisque les médecins y sont moins nombreux.
Si l'on admet qu'un médecin généraliste travaille en moyenne 5 jours par semaine, 40 semaines par an, soit 200 jours dans l'année, le médecin lillois voit 30 clients par jour, le médecin nancéen 29, le médecin marseillais 22 et le médecin parisien 21.
Les inégalités constatées sont aussi dues à une différence de nature des actes médicaux. Les populations du nord, plus jeunes, ont recours aux services de médecins généralistes. Les populations du midi, plus âgées, ont plus souvent recours aux services de médecins spécialistes.

83

CADRE NATUREL
POPULATION
ORGANISATION
VIE ÉCONOMIQUE
COMMUNICATION
FRANCE ET MONDE

La population active

La population active, c'est-à-dire l'ensemble de la population ayant un emploi ou en cherchant un, s'élève à 27 100 000 personnes. La population active occupée représente en France 41 % de la population totale, alors qu'elle atteint les taux de 44 % en Allemagne, 43,5 % au Royaume-Uni.

Évolution de la population active

La répartition des actifs entre les 3 secteurs économiques est en constante évolution. Les effectifs du secteur primaire ne cessent de diminuer. Le secteur secondaire connaît un âge d'or dans les années soixante. Le secteur tertiaire affirme sa prééminence depuis le milieu des années soixante-dix.

Secteurs	1906	1936	1954	1962	1968	1975	1982	2002
Primaire	44,0	37,9	28	21	15,7	10,1	8,4	3,7
Secondaire	29,5	30,6	36,8	39,5	39,6	38,5	33,5	23,6
Tertiaire	26,5	31,5	35,2	39,5	44,7	51,4	58,1	72,7

Secteur primaire : production de matières premières, agriculture, pêche.
Secteur secondaire : industries de transformation, biens d'équipements et biens de constructions, bâtiment.
Secteur tertiaire : services, commerce, transports, assurances, communications.

Répartition par catégorie socioprofessionnelle (effectifs en milliers)

L'augmentation du taux d'activité féminin est l'un des faits marquants des 30 dernières années. Depuis 1968, le nombre de femmes ayant un emploi s'est accru de 65 %, en liaison avec la tertiarisation de l'économie.

12 500 000 femmes travaillent aujourd'hui. Cela représente 45,6 % des actifs occupés contre 34,9 % en 1968. L'emploi féminin est très concentré. Les femmes travaillent avant tout comme employées, ou dans les professions intermédiaires où elles occupent soit des postes d'institutrices, soit des emplois dans les professions de la santé et du travail social.

Les salariés représentent 92,6 % des 24 500 000 actifs occupés.

La répartition hommes/femmes est exprimée en pourcentage.

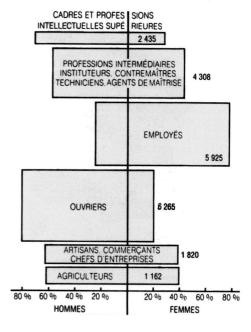

**Répartition départementale
de la population active
par secteur d'activité**

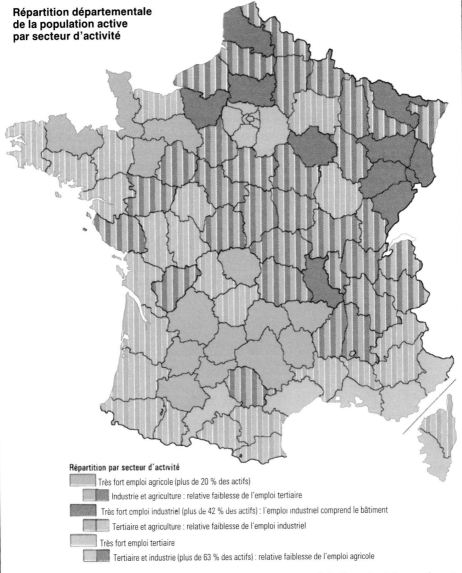

Répartition par secteur d'activité

Très fort emploi agricole (plus de 20 % des actifs)

Industrie et agriculture : relative faiblesse de l'emploi tertiaire

Très fort emploi industriel (plus de 42 % des actifs) : l'emploi industriel comprend le bâtiment

Tertiaire et agriculture : relative faiblesse de l'emploi industriel

Très fort emploi tertiaire

Tertiaire et industrie (plus de 63 % des actifs) : relative faiblesse de l'emploi agricole

La ligne Le Havre - Marseille permet de distinguer deux grandes zones :
— au sud de la ligne, des régions où la proportion d'agriculteurs est plus forte que la moyenne nationale.
— au nord de la ligne, des régions à fort emploi industriel.

La quasi-totalité du littoral méditerranéen et la région parisienne échappent à cette division en deux zones du territoire national. Ce sont des régions à emploi tertiaire dominant : plus de 7 emplois sur 10.

CADRE NATUREL
POPULATION
ORGANISATION
VIE ÉCONOMIQUE
COMMUNICATION
FRANCE ET MONDE

L'agriculture française

L'agriculture française, même si elle ne produit que 2,4 % du PNB national, occupe la première place au sein de l'UE. 1 062 000 actifs agricoles réalisent, sur 664 000 exploitations, une production d'un montant de plus de 62,6 milliards d'euros dont 42 % de produits animaux et 58 % de produits végétaux.

Des paysans de moins en moins nombreux

Les paysans sont de moins en moins nombreux. Leur nombre a diminué de près de 65 % en 40 ans : 3 045 000 actifs agricoles en 1962, 1 062 000 aujourd'hui. La diminution continue. L'indemnité viagère de départ pour les plus de 60 ans et les gains de productivité expliquent en partie le phénomène.

S'ils sont moins nombreux, les paysans sont mieux formés. Chez les moins de 35 ans, 40 % ont un CAP ou un BEP (10 % chez les plus anciens), 18 % ont un brevet agricole ou un baccalauréat (4 % chez les plus anciens).

La taille des exploitations

La taille moyenne des exploitations a plus que triplé depuis 1955 : elle est passée de 14 à 44 hectares. Mais cette moyenne masque une grande diversité :

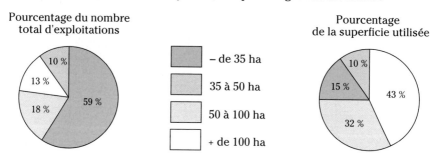

Pourcentage du nombre total d'exploitations

Pourcentage de la superficie utilisée

- – de 35 ha
- 35 à 50 ha
- 50 à 100 ha
- + de 100 ha

Des techniques en mutation

La mutation des techniques agricoles a été telle en 35 ans que l'on peut aujourd'hui parler de véritable révolution des campagnes.

Le rendement a considérablement augmenté du fait de l'emploi massif d'engrais et du fait des travaux de l'Institut National de la Recherche Agronomique qui a mis au point, par hybridation, des espèces végétales ou animales mieux adaptées aux conditions climatiques locales (blé : 16 quintaux/hectare en 1950 ; 52 q/ha en 1980 ; 70 q/ha aujourd'hui).

La productivité a nettement progressé grâce à une motorisation et à une mécanisation poussées. Avec 1 528 000 tracteurs, la France est au premier rang européen et au quatrième rang mondial. Mais l'achat de machines de plus en plus spécialisées dont certaines ne fonctionnent que quelques jours par an, a conduit les paysans à s'endetter très fortement auprès de leur banque, le Crédit agricole.

Carte départementale des activités agricoles dominantes

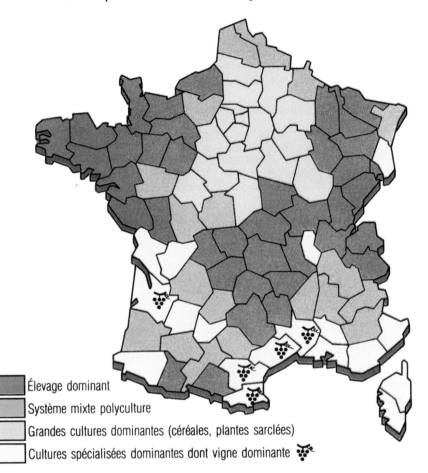

Élevage dominant

Système mixte polyculture

Grandes cultures dominantes (céréales, plantes sarclées)

Cultures spécialisées dominantes dont vigne dominante 🍇

L'utilisation du sol français

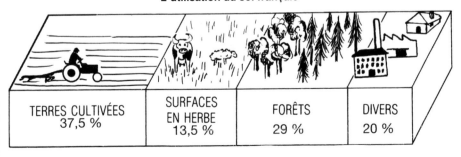

TERRES CULTIVÉES 37,5 %	SURFACES EN HERBE 13,5 %	FORÊTS 29 %	DIVERS 20 %

CADRE NATUREL
POPULATION
ORGANISATION
VIE ÉCONOMIQUE
COMMUNICATION
FRANCE ET MONDE

Productions végétales

Les productions végétales assurent 58 % du revenu agricole. La France se place au 4e rang mondial pour le blé, au 6e pour le maïs et au 11e pour les pommes de terre. Elle est le premier pays exportateur européen de céréales et la balance commerciale des productions végétales dégage un excédent.

Valeurs des productions végétales

CÉRÉALES 33 % — CULTURES INDUSTRIELLES 15 % — FRUITS ET LÉGUMES 23 % — VIGNES 29 %

Les céréales

Le blé (froment) est produit par 460 000 exploitants sur 4 947 000 ha. 50 % de la récolte proviennent des grandes exploitations du Bassin parisien et du nord de la France où il est assolé (cultivé en alternance) avec d'autres céréales et des plantes sarclées.

L'orge, utilisée comme nourriture animale, est cultivée sur 1 629 000 ha dans le Centre, l'Ouest et le Bassin parisien.

Le maïs, en grain ou fourrager, couvre 1 760 000 ha, principalement dans le Midi aquitain et le sud du Bassin parisien.

L'avoine, le riz (18 500 ha) en Camargue déclinent. Le seigle se maintient.

Les plantes sarclées et les plantes industrielles

La betterave à sucre occupe 455 000 ha sur les riches sols limoneux entre la Seine et la frontière belge.

La pomme de terre voit sa production diminuer en raison du changement de comportement alimentaire du Français. Elle est cultivée sur 165 000 ha principalement situés dans le Nord, en Picardie et en Bretagne.

Les cultures industrielles ont un rôle moindre. Le lin (45 000 ha) est récolté dans le Nord et en Normandie. Le tabac (9 067 ha) occupe 5 138 planteurs dans le Sud-Ouest, la basse Loire, le Dauphiné et l'Alsace. Les oléagineux progressent en raison de prix communautaires attractifs : le soja (117 000 ha) est introduit dans 84 départements ; le tournesol s'étend rapidement (782 000 ha) dans le Centre, l'est des Charentes, le Toulousain ; le colza (1 145 000 ha) est inclus dans les assolements céréaliers au sud et à l'est du Bassin parisien.

Les fruits et légumes

La culture des fruits et légumes, traditionnelle dans les ceintures maraîchères des villes, est aussi développée dans des régions aux hivers doux et aux printemps précoces : le Midi méditerranéen, le centre de l'Aquitaine et le Val de Loire. Ces cultures se répartissent en 195 800 ha de légumes de plein champ, 41 400 ha de cultures maraîchères, 197 300 ha de vergers, 18 000 ha de vignes à raisin de table.

■ **Les principaux lieux de production (par départements)**

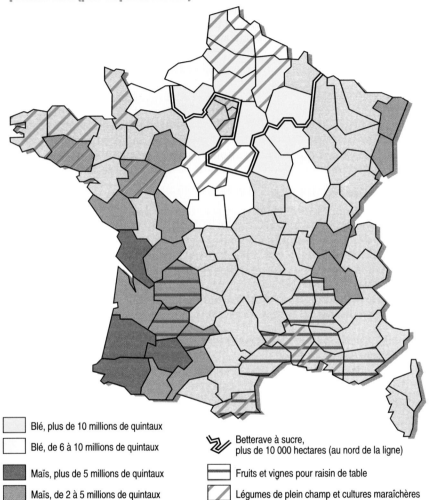

	Blé, plus de 10 millions de quintaux
	Blé, de 6 à 10 millions de quintaux
	Maïs, plus de 5 millions de quintaux
	Maïs, de 2 à 5 millions de quintaux

Betterave à sucre,
plus de 10 000 hectares (au nord de la ligne)

Fruits et vignes pour raisin de table

Légumes de plein champ et cultures maraîchères

Quelques productions 1998

blé	39 682 000	tonnes	carottes	5 897 000	quintaux
orge	10 569 000	tonnes	petits pois	2 430 000	quintaux
maïs	14 426 000	tonnes	pommes	17 798 000	quintaux
betteraves à sucre	31 407 000	tonnes	pêches	4 689 000	quintaux
pommes de terre	6 200 000	tonnes	fraises	800 000	quintaux
tomates	8 500 000	quintaux			

CADRE NATUREL
POPULATION
ORGANISATION
VIE ÉCONOMIQUE
COMMUNICATION
FRANCE ET MONDE

La vigne et le vin

> **Avec plus de 56 millions d'hectolitres les bonnes années (21 % de la production mondiale) la France se place au premier rang mondial devant l'Italie. La vigne couvre 873 000 hectares sur 166 000 exploitations. Pour les vins de consommation courante, la vinification se fait au sein de 1 200 coopératives.**

Les limites de la culture de la vigne

Les limites de la culture de la vigne se situent sur une ligne Vannes-Sedan qui correspond à peu près à la ligne isotherme des 18° de température moyenne en juillet. C'est qu'indépendamment d'un certain type de sol, la vigne réclame chaleur et luminosité. Elle exige pour la maturation du raisin, pendant sa période active de mars à novembre, une somme des températures minimales de 3 000°.

Le classement des vins

Les vins sont classés en trois catégories selon leurs qualités :
– les vins d'Appellation d'Origine Contrôlée (AOC), les grands crus garantis par l'Institut National des Appellations d'Origine qui vérifie pour chaque appellation le terroir d'origine, le rendement limité à l'hectare, la teneur en alcool (465 000 hectares) ;
– les Vins Délimités de Qualité Supérieure (VDQS), les crus de réputation régionale (85 000 hectares) ;
– les vins de consommation courante, dits vins de table, dont la faible teneur en alcool nécessite des coupages avec des « vins médecins » (323 000 hectares).

La production et la consommation

Production de vin en %   Consommation en litres/habitant

La chute de la consommation de vin de table est telle qu'elle représente, chaque mois, la production annuelle d'une coopérative viticole moyenne.

La commercialisation des vins

Les vins de qualité sont en grande partie exportés. Le Champagne, le Bordeaux et le Bourgogne dominent ce marché (70 % des exportations de vins français).
Les vins de consommation courante traversent une situation plus difficile. Ces vignobles de masse, notamment ceux du Bas-Languedoc connaissent une surproduction chronique aggravée par la concurrence des vins italiens et des vins espagnols.

LES VIGNOBLES FRANÇAIS

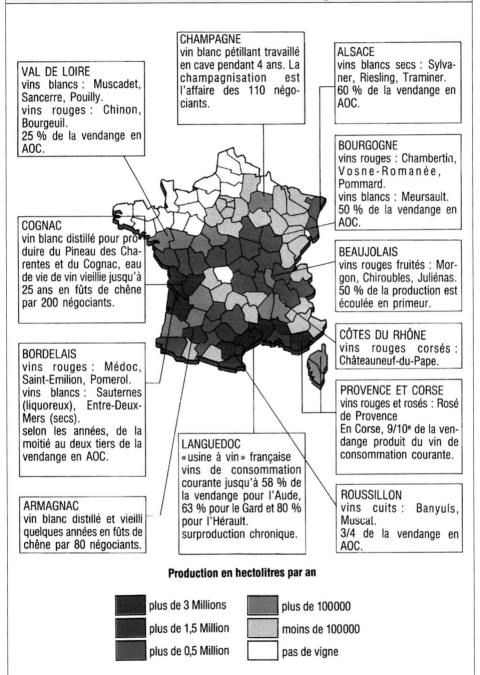

VAL DE LOIRE
vins blancs : Muscadet, Sancerre, Pouilly.
vins rouges : Chinon, Bourgeuil.
25 % de la vendange en AOC.

CHAMPAGNE
vin blanc pétillant travaillé en cave pendant 4 ans. La champagnisation est l'affaire des 110 négociants.

ALSACE
vins blancs secs : Sylvaner, Riesling, Traminer.
60 % de la vendange en AOC.

BOURGOGNE
vins rouges : Chambertin, Vosne-Romanée, Pommard.
vins blancs : Meursault.
50 % de la vendange en AOC.

COGNAC
vin blanc distillé pour produire du Pineau des Charentes et du Cognac, eau de vie de vin vieillie jusqu'à 25 ans en fûts de chêne par 200 négociants.

BEAUJOLAIS
vins rouges fruités : Morgon, Chiroubles, Juliénas.
50 % de la production est écoulée en primeur.

CÔTES DU RHÔNE
vins rouges corsés : Châteauneuf-du-Pape.

BORDELAIS
vins rouges : Médoc, Saint-Emilion, Pomerol.
vins blancs : Sauternes (liquoreux), Entre-Deux-Mers (secs).
selon les années, de la moitié au deux tiers de la vendange en AOC.

PROVENCE ET CORSE
vins rouges et rosés : Rosé de Provence
En Corse, 9/10e de la vendange produit du vin de consommation courante.

LANGUEDOC
«usine à vin» française
vins de consommation courante jusqu'à 58 % de la vendange pour l'Aude, 63 % pour le Gard et 80 % pour l'Hérault.
surproduction chronique.

ROUSSILLON
vins cuits : Banyuls, Muscat.
3/4 de la vendange en AOC.

ARMAGNAC
vin blanc distillé et vieilli quelques années en fûts de chêne par 80 négociants.

Production en hectolitres par an

- plus de 3 Millions
- plus de 1,5 Million
- plus de 0,5 Million
- plus de 100000
- moins de 100000
- pas de vigne

CADRE NATUREL
POPULATION
ORGANISATION
VIE ÉCONOMIQUE
COMMUNICATION
FRANCE ET MONDE

L'élevage français

L'élevage assure 42 % du revenu agricole et occupe 16,5 millions d'hectares. 165 000 exploitants élèvent des moutons, 170 000 des porcs, 503 000 des bovins et 580 000 des volailles.
Avec 6,3 millions de tonnes de viande produite annuellement, la France occupe le 3e rang mondial après les États-Unis et la Chine.

Les transformations de l'élevage

L'élevage se transforme : il devient savant, intensif, industriel.

Au niveau de la reproduction, 80 centres d'insémination artificielle ont permis aux éleveurs de sélectionner les races les plus productives : 5 races seulement représentent aujourd'hui 95 % des bovins (60 % vers 1950).

L'alimentation a aussi connu de profondes transformations. L'herbe reste la nourriture de base des bovins, mais l'utilisation d'aliments composés a permis une industrialisation de l'élevage. Ces aliments, composés à base de céréales qui associent protéines (tourteaux de soja) vitamines et sels minéraux, accroissent les rendements en viande. On « fait » un poulet de 1,5 kg en 8 semaines contre 20 auparavant, on « fait » un taurillon de 250-300 kg en 18 mois contre 24 à 36 mois auparavant.

La prédominance de l'élevage bovin

L'élevage bovin est le premier d'Europe avec 20,4 millions de têtes dont 4,4 millions de vaches laitières.

La production de lait, prépondérante dans l'ouest, est de 223 millions d'hectolitres, dont moins de 10 % sont consommés frais. Le reste est transformé, souvent dans des coopératives, en beurre (455 000 tonnes) ou en fromages (1 605 000 tonnes constituées par 350 fromages).

La production de viande, très importante en Pays de Loire, en Bretagne et dans le Massif Central, atteint le chiffre annuel de 2 millions de tonnes. L'embouche, l'engraissement sur herbe dans le Charolais, contraste avec l'élevage en batterie de veaux alimentés en lait reconstitué.

Les élevages ovins et porcins

L'élevage ovin (10,3 millions de moutons) est orienté vers les productions de viande d'agneau et de lait de brebis pour le fromage de Roquefort.

L'élevage porcin (15 millions de têtes) devient industriel. La moitié des porcs sont élevés dans des exploitations comptant plus de 400 bêtes. Ils sont nourris d'aliments et de résidus de l'industrie laitière. La Bretagne, le Nord et les Pays de la Loire abritent les plus beaux troupeaux.

L'élevage de volailles

L'élevage de volailles compte 321 millions de têtes. À côté des produits de luxe du Sud-Ouest (oies et canards gras) et de la production fermière traditionnelle s'est développé un élevage industriel qui « fabrique » annuellement 98 % des poulets et 88 % des 15,3 milliards d'œufs français.

L'ÉLEVAGE ET LES PRINCIPAUX FROMAGES

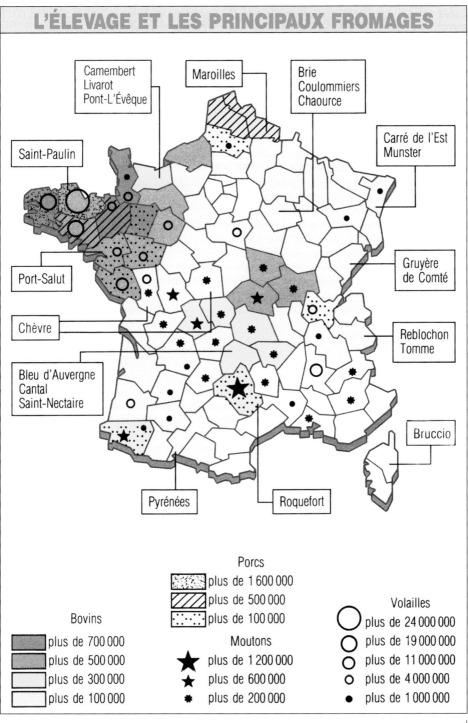

Camembert
Livarot
Pont-L'Évêque

Maroilles

Brie
Coulommiers
Chaource

Carré de l'Est
Munster

Saint-Paulin

Port-Salut

Chèvre

Bleu d'Auvergne
Cantal
Saint-Nectaire

Gruyère
de Comté

Reblochon
Tomme

Bruccio

Pyrénées

Roquefort

Porcs
plus de 1 600 000
plus de 500 000
plus de 100 000

Bovins
plus de 700 000
plus de 500 000
plus de 300 000
plus de 100 000

Moutons
plus de 1 200 000
plus de 600 000
plus de 200 000

Volailles
plus de 24 000 000
plus de 19 000 000
plus de 11 000 000
plus de 4 000 000
plus de 1 000 000

CADRE NATUREL

POPULATION

ORGANISATION

VIE ÉCONOMIQUE

COMMUNICATION

FRANCE ET MONDE

La pêche française

Avec 830 000 tonnes de poissons frais ou congelés, de crustacés et de coquillages débarqués par an, la France occupe le 23e rang mondial et le 4e rang de l'Union européenne.
La pêche française emploie 26 000 marins et conchyliculteurs (éleveurs de coquillages). La flotte de pêche compte 6 111 bateaux.

Les règles de pêche de l'Europe bleue

Les règles de pêche de l'Europe bleue ont été définies en 1983. Tout pays riverain dispose d'une zone de pêche exclusive de 6 milles marins (11 km). De 6 à 200 milles marin (370 km), limite de la zone économique exclusive d'un état riverain (voir page 70), la pêche est communautaire. Par ailleurs, pour éviter l'épuisement des stocks de poisson, la commission de Bruxelles fixe chaque année des quotas de pêche, par espèces et par pays.

Les types de pêche

	Grande pêche	Pêche au large	Pêche côtière	Petite pêche
durée de la pêche	au moins 1 mois	de 72 h à 15 jours	moins de 72 h	durée de la marée
effectifs	1 265 marins	4 680 marins	4 014 marins	16 154 marins*
types de pêches	chalutiers-usines congelant thon et queues de langouste, transformant la morue en filet et en farine	chalutiers tirant un chalut (filet) au fond ou entre deux eaux ; poissons stockés en cales réfrigérées.	à moins de 120 milles des côtes, pêche au filet, à la ligne, au casier (crustacés), à la drague (coquillage). pêche artisanale	

* les 4 951 conchyliculteurs compris

Une activité en crise

Les activités de pêches, tant artisanale qu'industrielle, ont été touchées par une crise aux multiples facteurs : épuisement des fonds marins les plus proches, coût élevé de modernisation des bateaux, augmentation du prix du fuel dont la part dans les frais d'exploitation est passée de 4 à 25 %, concurrence des navires-usines étrangers. La pêche artisanale a perdu en 30 ans les deux tiers de ses effectifs. La pêche industrielle a du mal à écouler sur le marché français lieus ou cabillauds. La France comptait 85 conserveries en 1970, il en reste 24. En outre la balance commerciale des produits de la pêche est déficitaire à cause d'importations à haute valeur marchande : crustacés et saumons (déficit 1998 : 1,52 milliard d'euros).

La pêche en eau douce

Quelque 4 178 associations de pêcheurs à la ligne délivrent chaque année plus de 1,9 million de permis de pêche. Avec 1 pêcheur pour 10 habitants, le Limousin et la Bourgogne viennent en tête des régions françaises.

LES PRINCIPAUX PORTS DE PÊCHE

Les ports de pêche français sont au nombre de 150. Les 9/10e des prises sont débarquées sur la façade atlantique. Boulogne-sur-Mer et la Bretagne en assurent les deux tiers.

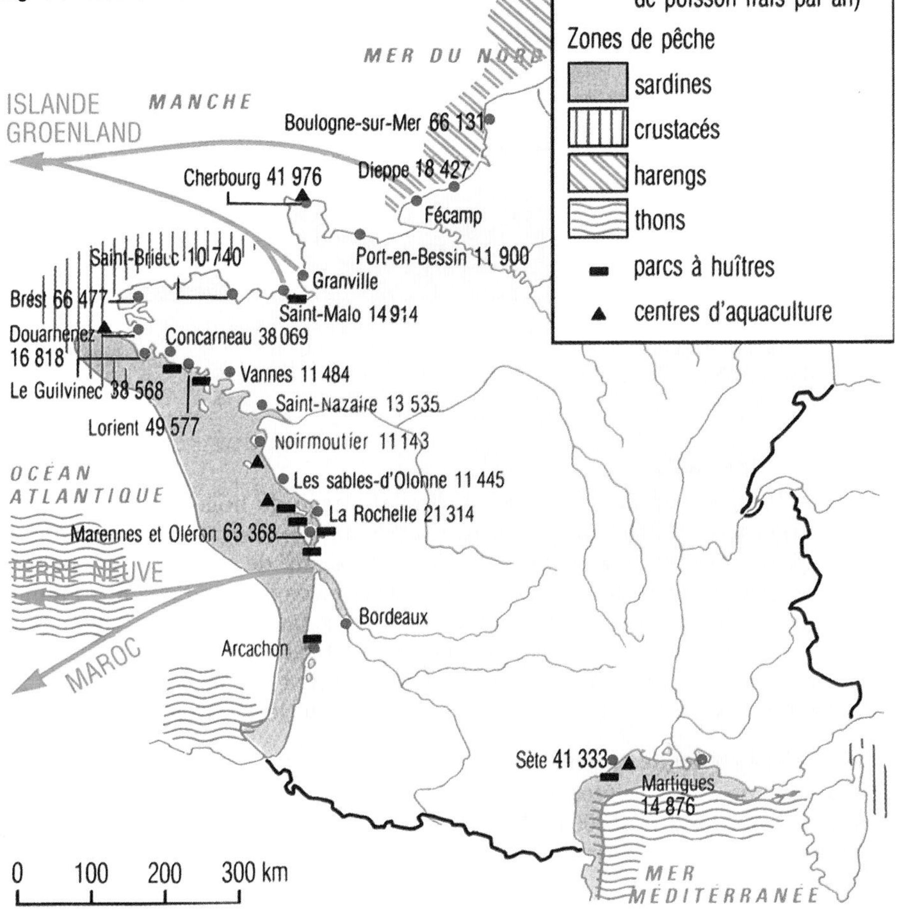

Légende :

- Principaux ports de pêche (plus de 10 000 tonnes de poisson frais par an)

Zones de pêche
- sardines
- crustacés
- harengs
- thons
- ▬ parcs à huîtres
- ▲ centres d'aquaculture

Carte :

MER DU NORD

MANCHE

ISLANDE GROENLAND

Boulogne-sur-Mer 66 131
Cherbourg 41 976
Dieppe 18 427
Fécamp
Port-en-Bessin 11 900
Saint-Brieuc 10 740
Granville
Brest 66 477
Saint-Malo 14 914
Douarnenez 16 818
Concarneau 38 069
Le Guilvinec 38 568
Vannes 11 484
Saint-Nazaire 13 535
Lorient 49 577
Noirmoutier 11 143

OCÉAN ATLANTIQUE

Les sables-d'Olonne 11 445
La Rochelle 21 314
Marennes et Oléron 63 368

TERRE NEUVE

Bordeaux
Arcachon

MAROC

Sète 41 333
Martigues 14 876

MER MÉDITÉRRANÉE

0   100   200   300 km

	Quantités des prises 1992	Valeur des prises	Moyenne au kilo
Nord-Pas-de-Calais	84 840 T	111 028 € (728 296 F)	1,3 € (8,5 F)
Bretagne	297 322 T	433 629 € (2 844 417 F)	1,46 € (9,6 F)

CADRE NATUREL

POPULATION

ORGANISATION

VIE ÉCONOMIQUE

COMMUNICATION

FRANCE ET MONDE

La forêt française

La forêt française couvre 16,5 millions d'hectares, 30 % du territoire national, et représente 28 % de la forêt de l'Union européenne. Elle a doublé de surface depuis un siècle mais a subi un cataclysme avec la tempête de décembre 1999 qui a jeté à terre 30 millions de m³ d'arbres.

Une forêt essentiellement privée

| forêts domaniales (État) 12 % | forêts communales 18 % | forêts privées 70 % |

La filière bois

L'exploitation des produits de la forêt, de l'abattage du bois à la fabrication de meubles, regroupe 80 000 affaires, 550 000 personnes.

La filière bois produit chaque année 31 millions de m³ de grumes, c'est-à-dire de troncs d'arbres ébranchés non équarris. 2 900 scieries débitent ensuite 9,7 millions de m³ de planches. 14 usines principalement situées dans le Sud-Ouest et en Haute-Normandie (production de papier journal à partir de bois importé), produisent 2,7 millions de tonnes de pâte à papier qui ne couvrent que 60 % des besoins français. Globalement, la production de bois ne couvre que les 2/3 des besoins français.

Les réserves de chasse

Les réserves de chasse s'étendent sur 165 000 hectares, principalement en forêt. Elles sont gérées par 1 525 000 chasseurs. La chasse représente un chiffre d'affaires annuel de 1,78 milliard d'euros (11,7 milliards de francs) et 23 400 emplois.

Une forêt à vulnérabilité… limitée

La pollution atmosphérique fait dépérir la forêt française, notamment dans les Vosges. Les rejets des cheminées d'usine et des gaz de voitures retombent sous forme de pluies acides qui attaquent le feuillage et les racines.

Les parasites – champignons, insectes, virus – agressent les forêts avec d'autant plus de succès que, par l'exploitation de l'homme, elles sont devenues uniformes. La variété des espèces était le meilleur rempart contre la propagation rapide d'un parasite souvent particulier à un type d'arbre.

Avec la tempête des 26 et 27 décembre 1999, la forêt française a connu sa plus grande catastrophe forestière. Des vents de plus de 150 km/h ont détruit plus de 30 millions de m³ d'arbres sur la totalité du territoire. L'office national des forêts estime que selon les essences, le reboisement prendra entre 10 et 200 ans.

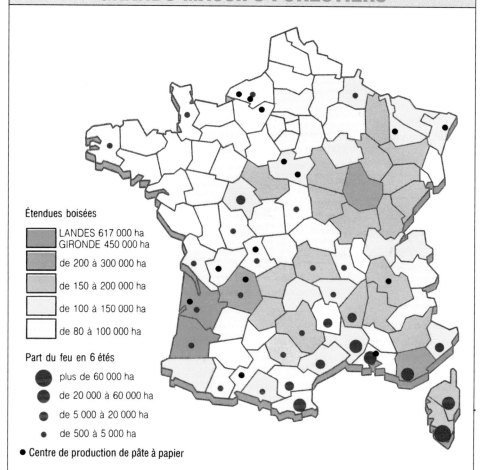

Étendues boisées

LANDES 617 000 ha
GIRONDE 450 000 ha

de 200 à 300 000 ha

de 150 à 200 000 ha

de 100 à 150 000 ha

de 80 à 100 000 ha

Part du feu en 6 étés

plus de 60 000 ha

de 20 000 à 60 000 ha

de 5 000 à 20 000 ha

de 500 à 5 000 ha

● Centre de production de pâte à papier

■ Des incendies dévastateurs

Les incendies peuvent dévaster, en une année, plus de 50 000 ha de forêt. Ce fut le cas en 1976 (88 350 ha), 1982, 1983, 1985, 1989 (75 600 ha) et 1990 (70 000 ha). L'importance des incendies peut s'expliquer par la sécheresse estivale ou par le mauvais débroussaillage des parcelles forestières, soit du fait de la négligence d'un propriétaire, soit du fait de l'exode rural. Mais leur origine est souvent criminelle.

Les foyers, autour de 3 500 chaque année, sont plus importants dans le Sud-Est qui totalise parfois jusqu'à 95 % des surfaces calcinées. Le système mis en place dans les Landes, bandes coupe-feu, tours de guet avec détection à infrarouge des sources de chaleur, ne peut exister dans le Sud-Est en raison d'un relief accidenté sur lequel souffle parfois le mistral.

| CADRE NATUREL |
| POPULATION |
| ORGANISATION |
| **VIE ÉCONOMIQUE** |
| COMMUNICATION |
| FRANCE ET MONDE |

L'énergie

La France consomme environ 275 millions de tonnes équivalent pétrole d'énergie primaire (charbon, pétrole, gaz naturel, électricité hydraulique et nucléaire). Son taux d'indépendance énergétique a doublé depuis le choc pétrolier de 1973, passant de 23 % à 51 % en 2002, grâce à l'électricité d'origine nucléaire.

Les variations d'énergies consommées
Part des énergies primaires consommées et taux d'indépendance

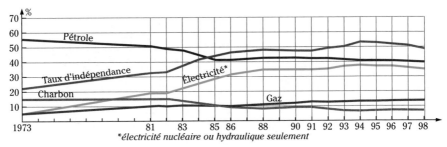

électricité nucléaire ou hydraulique seulement

Le déclin du charbon

La production de charbon s'établit à 2 millions de tonnes environ pour une consommation de 21 Mt. Le charbon français vient de Lorraine et de bassins dispersés dans le Massif central et le Midi. L'extraction a cessé dans le bassin du Nord-Pas-de-Calais en décembre 1990 après deux siècles et demi d'exploitation. Les coûts de production sont élevés à cause des veines trop profondes et faillées. Depuis 1978, les quantités importées sont supérieures aux quantités produites.

La prépondérance des hydrocarbures

La production française de pétrole (1,7 million de tonnes) vient pour 45 % de Parentis (Landes), pour 53 % de la région parisienne. Elle ne couvre que 1,9 % de la consommation annuelle, qui, avec 86 Mt, représente 32 % de l'énergie consommée dans le pays. La consommation est constituée à 43 % de carburants pour les transports, à 16 % de fioul destiné au chauffage. Les 12 raffineries (24 en 1973) se situent à l'embouchure des fleuves ou le long des oléoducs près des grands centres de consommation.
La France produisait le tiers de sa consommation de gaz en 1970. Elle est aujourd'hui dépendante de ses importations : 96 % du gaz consommé est importé. La consommation de gaz représente 37 millions de tonnes équivalent pétrole.

Les énergies nouvelles

Les énergies nouvelles, énergie solaire, géothermie (utilisation des sources chaudes), bio-énergie (production de carburant ou de gaz par fermentation de végétaux), énergie éolienne (utilisation de la force du vent) couvrent globalement 4,7 % des besoins énergétiques français.

La production d'électricité s'établit envi-ron à 533 milliards de Kilowattheures. La consommation s'élève à 449 milliards de kWh.

L'électricité est acheminée par 97 000 kilomètres de lignes à haute tension.

■ Les trois façons de produire de l'électricité

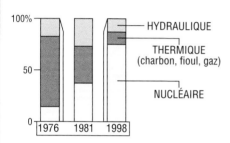

Les sources de production

pour l'Union européenne, 21 % pour les États-Unis). La France occupe le deuxième rang mondial après les États-Unis pour la puissance installée.

■ Le programme nucléaire français

Réacteur à eau sous pression
○   Centrales installées   △ Surgénérateur
○   Centrales en construction   ✕ Tranches déclassées

Les centrales hydrauliques utilisent la force de l'eau pour faire tourner des tur-bines qui entraînent un alternateur. Elles sont installées dans les zones monta-gneuses, notamment les Alpes.

Les centrales thermiques traditionnelles utilisent la chaleur dégagée par la com-bustion du charbon, du fioul ou du gaz.

Les centrales nucléaires utilisent la cha-leur dégagée par la fission de noyaux d'uranium dans un réacteur où l'on contrôle une réaction en chaîne.

■ Le choix du nucléaire

Le choix du tout-nucléaire a été fait en mars 1974 après le choc pétrolier. La production d'origine nucléaire repré-sente aujourd'hui plus des trois quarts de la production totale d'électricité (34 %

Le fonctionnement des réacteurs nucléaires répartis sur le sol français dépend de la proximité des eaux de refroidissement. Les centrales sont donc situées sur les grands fleuves ou à proximité des littoraux.

Les 6 réacteurs de Gravelines, la plus puissante centrale européenne, produi-sent à eux seuls, autant d'électricité que les deux tiers des centrales thermiques classiques.

Les adversaires du nucléaire font remarquer que le programme français est surdimensionné (le parc n'est utilisé qu'à 70 %) et que le problème des déchets n'est pas résolu (3 kg pour 100 kg de combustibles irradiés retrai-tés).

| CADRE NATUREL |
| POPULATION |
| ORGANISATION |
| **VIE ÉCONOMIQUE** |
| COMMUNICATION |
| FRANCE ET MONDE |

Les entreprises

La France compte 2,5 millions d'entreprises employant plus de 5,9 millions de personnes dans l'industrie et plus de 15,8 millions de personnes dans le commerce et les services.
Quatre entreprises françaises se placent dans les cinquante premières entreprises mondiales classées selon le chiffre d'affaires.

La place du secteur public et nationalisé

Le secteur public et nationalisé perd peu à peu de son importance dans l'économie française, au fil des privatisations. En 2002, 1 512 entreprises emploient 1,13 million de salariés contre 3 500 entreprises et 2,35 millions de salariés en 1986. L'emploi y est très concentré. La Poste, la SNCF, France Télécom et EDF totalisent, à elles seules, plus de 712 000 emplois.

Répartition des entreprises par tailles et par effectifs

Pourcentages d'établissements employant

Pourcentages de salariés travaillant dans des établissements employant

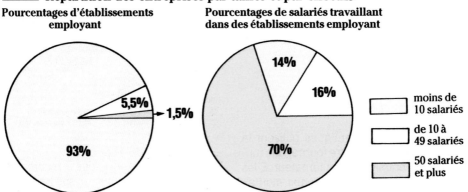

moins de 10 salariés

de 10 à 49 salariés

50 salariés et plus

Par établissement, on entend un lieu de production, un atelier ou un bureau distinct, isolé. Une entreprise peut comprendre un ou plusieurs établissements.

Vie et mort des entreprises

Il se crée chaque année près de 270 000 entreprises, mais pour un tiers d'entre elles, il s'agit de simples reprises. Les trois quarts des nouvelles entreprises n'ont aucun salarié au démarrage. Sur quatre créations, deux concernent les services, une le commerce. Un créateur d'entreprise sur trois est une femme. La moitié des créations s'effectue dans quatre régions : Île-de-France, Rhône-Alpes, Provence-Alpes-Côte-d'Azur et Languedoc-Rousillon. Le taux de survie des entreprises varie avec le temps ; en moyenne, 66 % vivent trois ans, 48 % vivent cinq ans. Et avec le type d'activité : la longévité est plus faible dans le commerce, les cafés-restaurants, l'immobilier et le service aux entreprises. Une mauvaise appréciation du prix de revient et une part trop importante de sous-traitance conduisent souvent les nouvelles entreprises à la faillite. De ce fait, en 2002, deux entreprises sur cinq ont moins de cinq ans d'existence.

LE PALMARÈS 2002
DES GRANDES ENTREPRISES FRANÇAISES

■ **Les vingt premières entreprises dans l'industrie et les services**

Rang	Nom	Secteur	Chiffre d'affaires en millions d'€	Effectifs
1	TotalFinaElf	Pétrole	105 318	122 000
2	Vivendi Universal	Services	57 360	320 000
3	PSA Peugeot Citroën	Automobile	51 663	192 000
4	France Télécom	Télécoms	43 062	206 000
5	Suez	Services	42 359	209 000
6	EDF	Énergie	40 716	162 000
7	Renault	Automobile	36 351	140 000
8	Saint-Gobain	Matériaux	30 390	172 000
9	Vivendi Environnement	Services	23 130	239 000
10	Alcatel	Électronique	25 353	99 000
11	Alstom	Matériel électrique	23 452	119 000
12	Aventis	Chimie	22 941	91 000
13	Airbus industrie	Aéronautique	20 500	45 000
14	Bouygues	Bâtiment	20 473	125 000
15	SNCF	Transport	20 129	221 000
16	Vinci	Bâtiment	17 172	129 000
17	La Poste	Services	17 028	314 000
18	Publicis Groupe	Services	16 667	20 592
19	Michelin	Pneumatique	15 774	127 000
20	Orange	Télécoms	15 087	30 000

■ **Les dix premières entreprises commerciales**

Rang	Nom	Secteur	Chiffre d'affaires en millions d'€	Effectifs
1	Carrefour	Hypermarché	69 486	382 000
2	Les Mousquetaires	Distribution	37 170	112 000
3	Pinault-Printemps-Redoute	Distribution	27 798	115 000
4	Auchan	Distribution	26 186	136 000
5	Leclerc	Hypermarché	25 800	75 000
6	Rallye	Distribution	22 863	133 000
7	Casino	Hypermarché	21 983	106 736
8	Système U	Distribution	11 649	26 000
9	Avsa	Aéronautique	9 985	29
10	Castorama	Distribution	9 520	49 358

Source : lexpansion.com

CADRE NATUREL

POPULATION

ORGANISATION

VIE ÉCONOMIQUE

COMMUNICATION

FRANCE ET MONDE

Des industries traditionnelles en crise

La sidérurgie, le textile et l'industrie du bâtiment sont trois secteurs en crise. Le textile et la sidérurgie subissent la concurrence de nouveaux pays producteurs et celle des pays industrialisés compétitifs.

La sidérurgie en crise

La sidérurgie française emploie 62 000 personnes et compte 17 hauts fourneaux contre 158 000 personnes et 43 hauts fourneaux en 1974. Mais les gains de productivité sont énormes : il fallait 11 heures pour produire une tonne d'acier en 1976, il n'en faut plus que 4 aujourd'hui. La production sidérurgique globale s'élève à 13 millions de tonnes de fonte et 20 Mt d'acier. Elle est essentiellement localisée en Lorraine (27 % de la production ; 70 % en 1974) et dans le Nord (41 % de la production) où elle est devenue littorale : avec une capacité de 8 Mt, Usinor-Dunkerque est l'une des plus grosses usines d'Europe. Dans le Sud-Est, l'usine de Fos-sur-Mer (26 % de la production) ne tourne qu'au tiers de sa capacité. La sidérurgie française occupe pourtant le onzième rang mondial.

Le textile en mutation

L'industrie textile emploie aujourd'hui 200 000 personnes contre 400 000 en 1968. Elle compte 2 410 entreprises dont les plus importantes sont Chargeurs (chiffre d'affaires : 2,9 milliards d'euros/19 milliards de francs, 21 200 employés) et DMC (chiffre d'affaires : 1,52 milliard d'euros/10 milliards de francs, 15 400 employés). Cette industrie fournit 300 000 tonnes de filés à partir de fibres naturelles (2/3 coton, 1/3 laine) et 237 000 tonnes de fibres et fils d'origine chimique. Elle dépend fortement de l'étranger pour les matières premières : laine, coton, cellulose et pétrole. Elle a répondu à la crise par l'automatisation et l'utilisation du mélange de fibres.

La première région textile est le Nord avec le quart des effectifs et 100 % de la laine peignée. Le Nord-Est est tournée vers le travail du coton (42 % de la production). La région lyonnaise abrite la soierie mais aussi la moitié des usines de textiles chimiques.

Le bâtiment en mouvement

L'industrie du bâtiment est, par ses effectifs, la première industrie de main-d'œuvre en France. Elle emploie 1 221 000 personnes. Ses effectifs ont diminué de 25 % en dix ans. D'une part il ne faut plus aujourd'hui que 1 000 heures de travail pour faire une maison contre 2 000 heures il y a quinze ans. D'autre part le nombre de mises en chantier, après avoir dépassé 500 000 par an entre 1972 et 1975, est tombé à 302 000 en 1994 (145 000 maisons individuelles et 157 000 unités de logements collectifs) alors qu'il en faudrait 350 000 pour satisfaire les besoins. Le secteur semble aujourd'hui redémarrer. En fait, les quelque 304 000 entreprises du bâtiment sont très sensibles à la conjoncture économique.

LE TEXTILE ET LA SIDÉRURGIE

■ **Les principaux centres textiles et sidérurgiques**

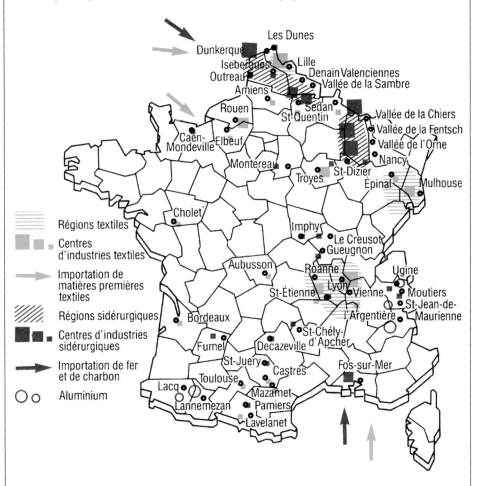

Régions textiles

Centres
d'industries textiles

Importation de
matières premières
textiles

Régions sidérurgiques

Centres d'industries
sidérurgiques

Importation de fer
et de charbon

Aluminium

■ **La chaîne de production de l'acier**

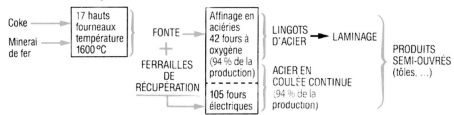

Coke → | 17 hauts fourneaux température 1600 °C | → FONTE + FERRAILLES DE RÉCUPÉRATION → | Affinage en aciéries 42 fours à oxygène (94 % de la production) | → LINGOTS D'ACIER → LAMINAGE

Minerai de fer →

105 fours électriques → ACIER EN COULÉE CONTINUE (94 % de la production)

PRODUITS SEMI-OUVRÉS (tôles, …)

CADRE NATUREL
POPULATION
ORGANISATION
VIE ÉCONOMIQUE
COMMUNICATION
FRANCE ET MONDE

Les industries d'équipement

Les fabrications d'électroménager affrontent une vive concurrence étrangère. Le secteur de la machine-outil stagne. Les chantiers navals subissent une grave récession mais l'industrie automobile occupe le quatrième rang mondial pour les voitures particulières. L'industrie chimique est aussi en expansion.

Les biens d'équipement professionnel et ménager

Les industries de biens d'équipement professionnel (matériel de levage, de manutention, machines-outils) employent environ 545 000 employés répartis essentiellement dans la région lyonnaise (18 % des effectifs), la région parisienne (17 %) et le Nord (7 %).

Les industries de biens d'équipement ménager produisent environ chaque année 1,9 million de lave-linge, 10,4 M de fers à repasser, plus de 2,4 M d'aspirateurs, près de 8 M de TV. Ces industries emploient 42 000 personnes réparties sur tout le territoire dans des entreprises dont les plus puissantes sont Thomson-Brandt, Seb et Moulinex.

L'industrie chimique

L'industrie chimique française produit environ 2 590 millions de m³ d'oxygène, 1,5 million de tonnes de chlore, 6,9 Mt d'engrais composés, plus de 602 000 tonnes de caoutchouc et plus de 4,5 Mt de matières plastiques. Elle emploie 350 000 personnes dans 9 600 entreprises dont les plus puissantes ont pour nom Rhône-Poulenc, Michelin, CDF-Chimie et l'Oréal. Elle est essentiellement localisée dans la région parisienne avec 3 900 établissements et 40 % des effectifs, 60 % si l'on considère la seule industrie pharmaceutique. La région lyonnaise s'inscrit au second rang avec 600 établissements. Viennent ensuite le Nord et l'Est avec de la carbochimie, les embouchures des fleuves avec des installations de pétrochimie.

La construction navale

Livraisons de navires par les chantiers navals

en milliers de tonneaux (1 tonneau=2,83m³)

■ armement étranger
■ armement français

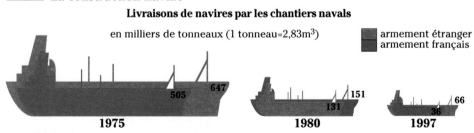

505 647
1975

131 151
1980

36 66
1997

La construction navale occupe en 1997 moins de 6 000 personnes. La crise de l'énergie (moins de pétroliers) et la concurrence des chantiers navals nord-coréens et japonais ont provoqué une chute brutale des commandes. Il ne subsiste de chantiers navals qu'à Saint-Nazaire-Nantes et au Havre (cargos, paquebots, méthanier) et à Boulogne-sur-Mer (navires de pêche).

L'INDUSTRIE AUTOMOBILE

■ Une industrie dynamique

L'industrie automobile française a produit, en 1998, 3,8 millions de voitures particulières et 383 000 véhicules utilitaires. Elle emploie directement 252 000 personnes, mais elle fait vivre deux millions d'actifs avec les secteurs liés : sous-traitance, réparations, auto-écoles, assurance.

■ Une industrie décentralisée

Les principaux centres de production automobile

La région parisienne abrite 22 % des effectifs nationaux. Mais la volonté de décentraliser, de proposer une industrie de reconversion à des régions en crise, a amené l'implantation d'usines automobiles dans les régions rurales de l'Ouest, dans le Nord.

■ Une industrie concentrée

L'industrie automobile française se concentre sur seulement deux groupes qui occupent les 9e et 10e rangs mondiaux.

Renault fabrique 48 % des voitures particulières et véhicules utilitaires (44 %). Peugeot S.A. (P.S.A.) s'est constitué à la suite du rachat de Citroën en 1974 et de Chrysler France en 1978. Les marques Peugeot et Citroën conservent cependant leur individualité. P.S.A. fabrique globalement 56 % des véhicules.

■ Une industrie en mutation

2 millions de voitures particulières, soit 51 % de la production annuelle, sont exportées. Dans le même temps, sur 100 voitures nouvellement immatriculées en France, 43 sont d'origine étrangère. Pour faire face à la concurrence, les industries automobiles françaises ont dû augmenter leur productivité.

Renault : production d'un salarié en équivalent R5 (par an)

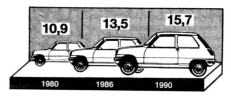

Les résultats ont été acquis par la robotisation (10 % du chiffre d'affaires de P.S.A. en 1990), par le remplacement des stocks, par la livraison « just in time » des pièces détachées (on parle aussi de zéro stock ou de flux tendus) et par des réductions massives d'effectifs : – 30 % des emplois entre 1978 et 1990.

L'industrie automobile française est entrée dans une phase dynamique. Elle récolte le fruit de ses efforts de modernisation. Mais ses coûts de production restent supérieurs à ceux des concurrents étrangers.

CADRE NATUREL

POPULATION

ORGANISATION

VIE ÉCONOMIQUE

COMMUNICATION

FRANCE ET MONDE

Les industries de pointe

La France occupe le troisième rang mondial pour l'industrie aéronautique et pour l'industrie d'armement. Avec l'électronique et l'informatique, ces industries de pointe font appel à de hautes technologies. L'électronique et l'aéronautique arrivent en tête pour les dépenses de recherche et de développement.

L'industrie électronique et l'informatique

L'électronique et ses applications dans l'informatique, la bureautique et la télématique sont des secteurs en pleine expansion. 63 % des entreprises de plus de 20 salariés disposent en effet aujourd'hui d'un réseau de micro-ordinateurs contre 32 % en 1994 et toutes les entreprises utilisent un ordinateur pour leur gestion. Malgré une forte baisse des effectifs au cours des années quatre-vingt-dix, ce sont des secteurs qui emploient respectivement 46 000 et 44 000 personnes.

Alors que les entreprises d'informatique sont concentrées dans la région parisienne (plus de 40 % des effectifs) et dans la région lyonnaise (16 %), les entreprises d'électronique sont dispersées sur la totalité du territoire avec cependant une présence plus forte en région parisienne (22 % des effectifs) dans le sud-est et dans l'ouest breton. L'électronique est dominée par Thomson et l'informatique par Hewlett-Packart-France et IBM-France.

L'industrie aéronautique

L'industrie aéronautique française, aujourd'hui associée à divers pays européens, remporte un succès avec les avions de la gamme Airbus et avec le programme de fusées Ariane au sein duquel la France joue un rôle de premier plan. L'industrie aéronautique, très fortement nationalisée, emploie 95 000 salariés. Elle est essentiellement localisée en région parisienne (40 % des effectifs, 80 % des fabrications moteurs) et dans le Sud-Ouest (25 % des effectifs) où la région toulousaine abrite la chaîne de montage des Airbus (1 080 appareils en exploitation, 1 400 en commande) dans les ateliers de la SNIAS (ou Aérospatiale) ; la région bordelaise abrite pour sa part la société Dassault-Bréguet, plus axée sur les appareils militaires.

L'industrie d'armement

L'industrie d'armement est un secteur dont le dynamisme est remis en cause par la fin de la guerre froide et la réduction des effectifs de l'armée française. Elle bénéficie de 38 % des dépenses publiques de recherche. Son chiffre d'affaires est mal connu en raison du secret entourant de nombreux contrats. Elle emploie 260 000 personnes dans des ateliers répartis sur l'ensemble du territoire français. La région parisienne regroupe cependant 33 % des effectifs. Les principaux arsenaux sont installés à Cherbourg, Brest, Lorient, Toulon, Roanne, Bourges et Tarbes.

■ Le retard français

La recherche française manque d'hommes : 46 000 chercheurs seulement sont employés dans les entreprises. Pour 1 000 travailleurs actifs, la France compte 6 chercheurs, l'Allemagne 6, les États-Unis 7,4 et le Japon 10,1.

La recherche française manque de fonds. Les entreprises privées lui consacrent 15 milliards d'euros (98 milliards de francs), soit 48 % des dépenses nationales de recherche. Le budget global français ne dépasse pas 2,2 % du produit intérieur brut ; il atteint 2,5 % au Japon et aux États-Unis.

■ L'ère des technopoles

Les principales technopoles

De Sophia Antipolis, née près de Nice dans un désert industriel en 1969, au Futuroscope près de Poitiers, la France compte 24 technopoles.

Ce sont des espaces où les autorités locales s'efforcent de favoriser les échanges recherche-industrie en réunissant les activités de recherche (laboratoires), les activités de formation (universités), les activités de production (entreprises). De la proximité et des contacts, facilités par l'existence de lieux de convivialité, doit naître une « fertilisation croisée » qui fera des technopoles les berceaux de l'industrie du futur.

Les technopoles veillent à la qualité de la vie par la création d'un environnement culturel et architectural susceptible d'attirer aussi les hommes. L'avenir dira si elles ont rempli le rôle pour lequel elles ont été créées.

■ La recherche dans les régions

Régions	Nombre de chercheurs		Nombre de brevets déposés %
	Secteur public %	Entreprise %	
Alsace	2,5	1,2	3,9
Aquitaine	2,1	3,6	2,5
Auvergne	1,3	2,4	0,9
Bourgogne	0,8	1,3	2,1
Bretagne	4,9	1,7	2,0
Centre	2,2	2,4	2,5
Champagne	0,1	0,5	1,3
Franche-C.	0,1	1,6	1,7
Ile-de-Fr.	52,1	52,0	44,8
Languedoc	4,6	1,0	1,4
Limousin	0,0	0,4	0,4
Lorraine	2,0	1,4	2,4
Midi-Pyré.	4,7	4,5	2,8
Nord-P.-d-C.	1,1	1,8	2,4
B. Normandie	0,6	0,5	0,8
H. Normandie	0,2	2,4	1,9
Pays de Loire	1,3	1,9	1,7
Picardie	0,0	2,0	2,3
Poitou	0,9	0,7	0,9
Prov.A.-C.A.	7,7	5,8	4,9
Rhône-A.	7,6	9,8	16,3
France	100,0	100,0	100,0

Le tableau met en évidence l'écrasante prééminence de la région Ile-de-France. Il révèle aussi un certain héliotropisme : de nombreux laboratoires de recherche sont au sud !

CADRE NATUREL
POPULATION
ORGANISATION
VIE ÉCONOMIQUE
COMMUNICATION
FRANCE ET MONDE

Les industries agro-alimentaires

L'industrie agro-alimentaire française occupe le troisième rang mondial. Elle emploie quelque 400 000 personnes qui se répartissent dans 4 200 entreprises de plus de dix salariés.

Les industries agricoles

Les industries agricoles travaillent des produits bruts : les minoteries transforment le blé en farine, les féculeries traitent la pomme de terre...

Une centaine de meuneries produisent chaque année 55 millions de quintaux de farine. 25 Mq sont utilisés par les 43 600 boulangeries françaises.

La quasi-totalité des sucreries qui travaillent la betterave sont installées au nord de la Seine : le transport de la betterave représente 20 % des frais de fabrication du sucre. Les usines sont donc implantées au cœur des régions de production.

Les industries alimentaires

Les industries laitières réalisent plus du quart du chiffre d'affaires de l'agro-alimentaire, les industries de transformation de la viande un peu plus du cinquième. Elles sont principalement installées dans l'ouest du pays.

Les conserveries sont dispersées sur l'ensemble du territoire. Elles regroupent plus de 40 000 salariés. 1,3 million de tonnes de légumes sont mises en conserve chaque année, essentiellement en Picardie (50 %) et en Bretagne (20 %). 380 000 t de fruits alimentent des conserveries avant tout installées dans le Midi. 110 000 t de poissons sont traitées dans des conserveries concentrées sur le littoral atlantique, particulièrement de Douarnenez aux Sables-d'Olonne.

Les autres industries alimentaires, biscuiteries, plats cuisinés, sont implantées près des grandes agglomérations.

Forces et faiblesses de l'agro-alimentaire

L'industrie agro-alimentaire française traite les deux tiers de la production agricole nationale et dégage un excédent commercial à l'exportation. Sa force repose sur la demande en augmentation constante de produits prêts à consommer. Les Français achètent aujourd'hui 15 % de produits bruts et 85 % de produits transformés (30 % et 70 % en 1960). La vente de surgelés et de plats cuisinés a doublé sur les dix dernières années. Cela s'explique par le changement des modes de vie et la croissance des activités féminines.

La faiblesse des industries agro-alimentaires provient de son extrême dispersion. Même sur le marché hexagonal, il faut pouvoir résister aux grandes centrales d'achat qui imposent à leurs fournisseurs prix, conditions de livraisons et de paiements.

Une évolution se dessine cependant avec l'éclosion de très grandes entreprises : BSN (Gervais-Danone, Evian, Kronenbourg et Belin) est au premier rang mondial pour les produits laitiers frais et les eaux plates ; Perrier (Contrexéville, Vichy-Saint-Yorre et Volvic) pour les eaux minérales gazeuses, Pernod-Ricard (Suze, Orangina) pour les apéritifs.

Industrie agro-alimentaire et eaux minérales

La France compte 1 200 sources d'eau minérale reconnues : eaux minérales gazeuses (en souligné sur la carte) ou eaux minérales plates.

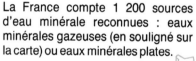

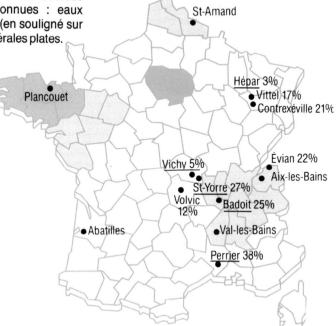

Industrie agro-alimentaire part régionale du chiffre d'affaires national

- 21%
- 13%
- 6,5 à 7,5%
- 3 à 4,5%
- moins de 2,5%

Carte : St-Amand · Plancouet · Hépar 3% · Vittel 17% · Contrexéville 21% · Vichy 5% · St-Yorre 27% · Évian 22% · Aix-les-Bains · Volvic 12% · Badoit 25% · Abatilles · Val-les-Bains · Perrier 38%

Consommation d'eau minérale par an et par habitant (en litres)	
Allemagne	85
Belgique	87
Espagne	50
France	97
Gde-Bretagne	7
Hollande	14,8
Irlande	5
Italie	94
Portugal	34

Décomposition du prix d'une bouteille d'eau minérale

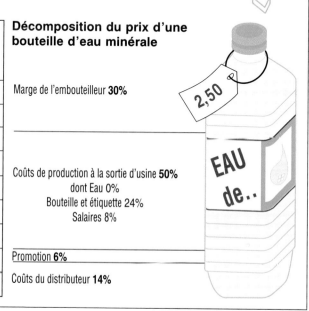

Marge de l'embouteilleur **30%**

Coûts de production à la sortie d'usine **50%**
dont Eau 0%
Bouteille et étiquette 24%
Salaires 8%

Promotion **6%**

Coûts du distributeur **14%**

2,50

EAU de..

CADRE NATUREL
POPULATION
ORGANISATION
VIE ÉCONOMIQUE
COMMUNICATION
FRANCE ET MONDE

Le secteur tertiaire

72,7 % de la population active, soit plus de 19 millions de personnes, travaillent dans le secteur tertiaire en France. Secteur aux multiples activités : transports, commerces, services, il fournit 72 % du Produit Intérieur Brut. Sur 10 entreprises qui naissent aujourd'hui, 8 ont une activité principale de service.

Un monde hétérogène

Le secteur tertiaire est divisé en services marchands et services non marchands. Les services non marchands représentent 25 % des actifs soit 6,5 millions de personnes. Ils regroupent notamment 2,5 millions de fonctionnaires civils et militaires dont 800 000 enseignants et 500 000 postiers, 900 000 agents des collectivités locales, communes, départements, régions, et 800 000 agents hospitaliers.

Les services marchands représentent 41 % des actifs, soit 10,6 millions de personnes. Ils regroupent d'une part les services aux entreprises et aux particuliers : 5,6 millions d'individus, et d'autre part les activités de distribution et de communication, c'est-à-dire, les commerces, les transports, les télécommunications, les bourses, les banques et les assurances.

La localisation des activités tertiaires (1)

Les effectifs tertiaires les plus nombreux se situent en Île-de-France (25 % des emplois nationaux), en région Rhône-Alpes (9,5 %) et en région Provence-Alpes-Côte d'Azur (8 %).

Si l'on envisage la répartition par secteur d'activité dans chaque région, quatre d'entre elles dépassent la moyenne nationale : la région Île-de-France qui culmine avec 74 % d'emplois tertiaires, les régions Provence-Alpes-Côte d'Azur, 73 %, et la Corse 73 %, Languedoc-Roussillon 70 %. De tels taux s'expliquent en région parisienne par la concentration des pouvoirs politiques, administratifs, économiques et financiers ; dans le Sud-Est par la multiplicité des activités de loisirs.

La répartition des services marchands (effectifs en %)

(1) voir carte, p. 85.

Le commerce compte 102 900 magasins de gros et 388 300 magasins de détail parmi lesquels 7 630 grandes surfaces. Il emploie 2 665 000 personnes dont 80 % de salariés.

■ Le petit commerce

Cette expression désigne toute surface de vente qui ne dépasse pas 400 m². En fait les trois quarts des boutiques n'excèdent pas 60 m². Ce type de com-merce en voie de disparition dans le monde rural, est très présent dans les villes. Les 56 000 boucheries et les 44 000 boulangeries résistent encore à la concurrence des grandes surfaces et des magasins de surgelés. Il n'en est pas de même pour les 74 000 épiceries de proximité qui ont tendance à fermer.

Le petit commerce est dynamique et il se crée, chaque année, 80 000 fonds de commerce, notamment dans le prêt-à-porter et la restauration. Plus de la moi-tié de ces magasins disparaissent cependant avant deux ans.

Répartition des magasins dans le petit commerce de détail alimentaire

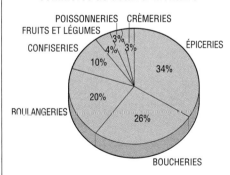

■ Les grandes surfaces

Les supermarchés ont une superficie variant entre 400 et 2 500 m². On en dénombre 6 730 qui s'étendent sur 6 640 000 m².

Les hypermarchés ont une superficie supérieure à 2 500 m². On en dénombre 903 qui s'étendent sur 4 928 000 m².

Les grandes surfaces ont su s'adapter aux contraintes de la vie contemporaine. Installées à la périphérie des villes, elles sont entourées de vastes parkings pour attirer les automobilistes. Elles offrent en outre, certains jours, la possibilité de faire ses courses en nocturne.

Les principales grandes surfaces
(629 000 salariés pour un chiffre d'affaires global de 115,1 milliards d'euros/755 milliards de F.)

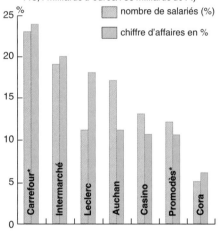

* En septembre 1999, Carrefour et Promodès ont annoncé leur fusion.

■ Où les Français achètent-ils ?

Si l'on considère la totalité des achats, c'est encore le petit commerce qui réa-lise la majeure partie du chiffre d'affaires, avec 65,4 % des dépenses globales. Mais si l'on considère la seule alimentation, ce sont les grandes sur-faces qui arrivent en tête avec 52,5 % du total. Le phénomène est récent : c'est en 1989 que le seuil des 50 % a été franchi. Il existe cependant des différences selon les produits : la part des grandes sur-faces atteint 60 % dans le domaine des fruits et légumes, mais elle tombe à 40 % pour la viande et à 11 % pour le pain.

CADRE NATUREL

POPULATION

ORGANISATION

VIE ÉCONOMIQUE

COMMUNICATION

FRANCE ET MONDE

Le tourisme

Tous les ans, 66 % de la population, soit 43 millions de Français, partent en vacances, au moins quatre nuits consécutives hors de leur domicile, pour leurs loisirs. La proportion de Français partant en vacances varie entre l'été, 58 % et l'hiver 30 %. Mais peu de Français quittent l'Hexagone (17 %).

L'équipement touristique

L'équipement touristique offre une capacité d'accueil de 4,5 millions de lits en hôtels, terrains de camping, chambres d'hôtes…

19 720 hôtels de tourisme, homologués selon certaines normes, totalisent 606 491 chambres et 1,8 million de lits. Certains hôtels se regroupent dans des chaînes volontaires ; la plus importante, celle des Logis de France réunit 3 682 hôtels répartis sur 3 000 communes.

8 729 terrains de camping proposent 2,7 millions de places.

30 000 gîtes ruraux, 858 villages de vacances, 1,5 million de places dans des camps d'adolescents complètent l'infrastructure touristique.

521 tour-opérateurs, présents dans 4 719 agences de voyage se partagent le marché français du voyage organisé et touchent 7 % des vacanciers, mais plus du quart de ceux qui vont à l'étranger. Les deux plus importants sont Nouvelles Frontières et le Club Méditerranée qui transportent respectivement 2,7 millions et 1,4 million de touristes.

Le parc hôtelier homologué		
	Hôtels	Chambres
4 étoiles luxe	1 281	36 389
3 étoiles	4 437	145 558
2 étoiles	8 283	260 792
1 étoile	5 226	160 114
sans étoile	493	3 638
Total	19720	606 491

Paris est la capitale mondiale du tourisme. Elle reçoit, chaque année, plus de 20 millions de visiteurs et la moitié des nuitées d'hôtel des touristes étrangers. Elle le doit à la richesse de son patrimoine artistique, à la vitalité de ses activités culturelles, mais aussi à ses capacités d'accueil : le cinquième des chambres d'hôtels homologués.

Paris est aussi la première ville du monde pour le tourisme d'affaires avec 7 millions de participants à quelque 120 congrès qui représentent 3 milliards d'euros (20 milliards de francs) de chiffre d'affaires.

Le poids économique du tourisme

Le tourisme emploie directement ou indirectement un million de personnes, c'est-à-dire 4 % de la population active. Son chiffre d'affaires s'établit aux environs de 91,5 milliards d'euros (600 milliards de francs). C'est que le touriste a besoin d'être transporté, hébergé, nourri et diverti.

Au niveau de la balance des paiements, le tourisme rapporte aujourd'hui plus que l'industrie agro-alimentaire : autour de 14 milliards d'euros. Les Français dépensent bien 16 milliards hors des frontières, mais les étrangers dépensent en France 30 milliards d'euros.

LES VACANCES DES FRANÇAIS

■ La France hiberne en août

Au mois d'août, un salarié sur deux est en vacances et quatre entreprises sur dix ferment leurs portes. Dans l'industrie de l'habillement, ce sont mêmes les trois quarts des entreprises qui s'arrêtent. Dans l'automobile, Peugeot, Citroën et Renault ferment du 25 juillet au 25 août, soit parce que la volonté proclamée de qualité, le « zéro défaut » ne supporte pas l'embauche d'intérimaires, soit parce que l'organisation de la production en flux tendus nécessite une activité à plein rendement de tous les équipementiers sous-traitants.

Globalement, la trêve estivale fait chuter l'activité économique française de 25 %. Seul, le secteur des travaux publics ne connaît pas de baisse sensible d'activité : c'est qu'il est temps de travailler sur les boulevards périphériques de Paris et des grandes agglomérations.

■ Les modes d'hébergement

Parents ou amis	42 %
Résidence secondaire	15 %
Village de vacances	6 %
Tente ou caravane	5 %
Location maison	7 %
Hôtel, pension de famille	25 %

■ Taux de départ en vacances (par catégories socio-professionnelles)

Cadres supérieurs et professions libérales	87 %
Cadres moyens	79 %
Employés	63 %
Patrons de l'industrie et du commerce	60 %
Ouvriers	45 %
Retraités	48 %
Exploitants et salariés agricoles	33 %

■ Des vacances spatialement concentrées

Densité des vacanciers dans les départements (moyenne estivale)

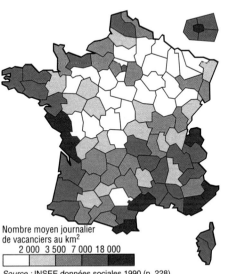

Nombre moyen journalier
de vacanciers au km²
2 000   3 500   7 000   18 000

Source : INSEE données sociales 1990 (p. 228)

L'été, la moitié des journées de vacances passées en France sont réparties sur 16 départements. C'est la côte méditerranéenne qui attire le plus grand nombre de vacanciers : elle accueille plus de 25 % du nombre de journées de vacances d'été. Viennent ensuite la côte atlantique 18 %, la Bretagne 8 % et la Manche 7 %. La montagne, Massif Central et Alpes accueillent globalement 23 % des journées de vacances.

L'hiver, la moitié des journées de vacances passées en France est répartie sur 14 départements. Le Massif Alpin regroupe 31 % des journées de vacances, les Pyrénées, 6 %. La côte méditerranéenne en reçoit plus de 10 % et l'Ile-de-France 5 %.

CADRE NATUREL

POPULATION

ORGANISATION

VIE ÉCONOMIQUE

COMMUNICATION

FRANCE ET MONDE

La durée du travail

Le 1ᵉʳ février 2000, la durée légale du travail est passée de 39 à 35 heures pour toutes les entreprises de plus de 20 salariés. Avec 5 semaines de congés payés et onze jours fériés, la France comptait déjà parmi les pays industrialisés où l'on travaillait le moins : 500 heures de moins qu'au Japon, 200 h de moins qu'aux États-Unis.

La durée hebdomadaire

L'entrée en application de 35 h hebdomadaires de travail se fait avec quelques difficultés. La patronat évoque le surcoût d'une telle mesure et la perte de compétitivité. Les salariés dénoncent une modulation non contrôlée de leur temps de travail sur l'année. Au 1ᵉʳ février 2000, seules 14 % des entreprises ont signé un accord sur la réduction du temps de travail (RTT). Les entreprises de moins de 20 salariés bénéficient d'un délai de deux ans.

La durée annuelle dans l'industrie

Le temps de présence individuelle dans l'entreprise compte cependant moins que l'utilisation de ce temps, que la productivité. Or, en France, la durée d'utilisation des équipements demeure faible.

Nombre d'heures par an — JAPON **2 078**

USA **1 757**

ALLEMAGNE **1 607**

FRANCE **1 542**

Les congés payés

Les congés payés combinés avec les grandes vacances scolaires d'été provoquent en France la grande cassure du mois d'août que ne connaissent pas les autres grands pays industriels. La durée réelle des vacances est pourtant semblable dans les pays de l'UE.

Les congés annuels dans l'UE		
Pays	**Durée légale**	**Conventionnelle**
Belgique	4 semaines	4 à 5 semaines
Danemark	pas de loi	5 semaines
Espagne	30 jours civils	4,5 à 5 semaines
France	5 semaines	5 à 6 semaines
Grande-Bretagne	pas de loi	4 à 6 semaines
Grèce	4 semaines	4 semaines
Irlande	3 semaines	4 semaines
Italie	pas de loi	4 à 6 semaines
Luxembourg	5 semaines	25 à 29 jours
Pays-Bas	3 semaines	5 semaines
Portugal	30 jours civils	4,5 à 5 semaines
Allemagne	3 semaines	5 à 6 semaines

■ **Les motivations au travail** (en %)

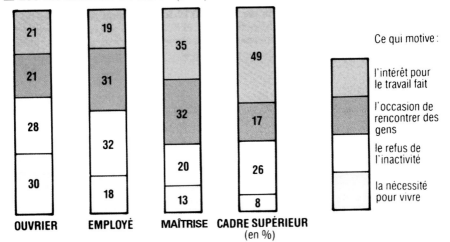

Ce qui motive :

l'intérêt pour
le travail fait

l'occasion de
rencontrer des
gens

le refus de
l'inactivité

la nécessité
pour vivre

OUVRIER   EMPLOYÉ   MAÎTRISE   CADRE SUPÉRIEUR
(en %)

■ L'absentéisme

En 1979, un salarié français s'absentait en moyenne 17 jours par an en dehors des congés. Le chiffre est tombé à moins de 12 jours aujourd'hui. La cinquième semaine de congés payés, le renforcement des contrôles de la Sécurité sociale, et surtout la peur du chômage incitent les salariés à plus de rigueur.

■ Les conflits du travail

Le nombre de journées individuelles non travaillées pour faits de grève s'est élevé en 1991 à moins de 700 000. Il est en baisse constante depuis 1976 (5 0 1 1 000). Si l'on s'en tient aux conflits localisés au sein d'une entreprise, le nombre de jours de grève tombe à 528 000 ; c'est le chiffre le plus faible enregistré depuis 1946. Cela représente, pour un total de cent salariés, 3,9 jours de grève dans l'année.

■ Les difficultés du travail

21 000 salariés interrogés par l'Insee ont répondu que leurs conditions de travail étaient moins supportables en 1991 qu'en 1978. Les nuisances dénoncées touchent aussi bien le secteur industriel que le secteur tertiaire. C'est le rythme de travail qui est la principale source de tension nerveuse. Un ouvrier sur deux ne peut quitter son travail des yeux et dénonce le stress causé par les délais fixés pour la production. Un employé sur deux déplore devoir abandonner une tâche en cours pour une autre non prévue. Les cadres se déclarent débordés, et neuf sur dix d'entre eux souffrent du nombre d'informations à retenir.

L'absentéisme recule dans les entreprises. Les jours de grève sont en diminution constante. Et cela, alors que la pénibilité du travail est plus fortement ressentie. Il convient de se demander si le « manque d'ardeur » au travail si souvent décrié chez les Français ne relève pas d'un préjugé qui ne correspond pas à la réalité.

| CADRE NATUREL |
| POPULATION |
| ORGANISATION |
| **VIE ÉCONOMIQUE** |
| COMMUNICATION |
| FRANCE ET MONDE |

Le chômage

Le nombre de chômeurs s'établit autour de 2,6 millions. Mais il existe de fortes disparités. Le taux de chômage des femmes, 11,2 %, celui des moins de 29 ans, 17 %, sont supérieurs à celui de l'ensemble de la population, 9,9 %. Et il y a trois fois plus de chômeurs chez les employés et les ouvriers que chez les cadres.

L'évolution du chômage depuis 1970

en pourcentage de la population active

Source : Insee

■ LES MOINS DE 25 ANS ▨ TOTAL

Le chômage depuis 1970

Depuis le premier choc pétrolier, le chômage n'avait cessé de croître. Représentant 4 % de la population active en 1974, il avait même culminé à 12,7 % en 1997. L'explosion du chômage a longtemps résulté de l'incapacité de l'industrie française à créer des emplois en nombre suffisant et de la mise en œuvre des technologies nouvelles (informatique et robotique) qui ont entraîné la disparition des emplois ne demandant pas de qualification. S'y est aussi ajouté le transfert d'unités de production dans des pays à bas coût de main-d'œuvre pour résister à la concurrence internationale.

Après le pic de 1997, le chômage a fléchi sous la barre des 10 %. Une croissance mondiale forte (+ 3 % l'an), la mise en place de lois emplois-jeunes et des 35 heures ont contribué à ce recul. Depuis 2001, le chômage est à la hausse. Le ralentissement de l'activité économique touche essentiellement les salariés âgés de plus de 50 ans.

La durée du chômage

La durée moyenne du chômage s'élève à 471 jours, mais les femmes connaissent une période de chômage plus longue que les hommes : 477 jours contre 465. Quatre chômeurs sur dix sont inscrits à l'ANPE depuis plus d'un an. La proportion est de six sur dix si l'on considère les chômeurs de plus de 50 ans pour lesquels il est devenu très difficile de retrouver un emploi.

Jeunes : le difficile accès à l'emploi

À la sortie de l'école, malgré l'embellie, il demeure difficile de trouver un contrat à durée indéterminée et l'insertion sur le marché du travail passe par des emplois précaires et des périodes de chômage. Mais ce dernier frappe avant tout les jeunes qui quittent le système scolaire sans diplôme ni formation professionnelle. Un jeune sur deux sorti de l'école sans diplôme de niveau V (CAP et BEP) connaît une durée totale de chômage supérieure à un an au cours des trois ans suivant sa sortie. La proportion tombe à 22 % au niveau du baccalauréat et à 8 % après un DUT ou un BTS.

L'entrée dans le monde du travail passe aussi souvent par un déclassement par rapport à la qualification obtenue : les titulaires de BEP ou de CAP industriels sont engagés sur des postes d'ouvriers non qualifiés.

TAUX DE CHÔMAGE DÉPARTEMENTAL

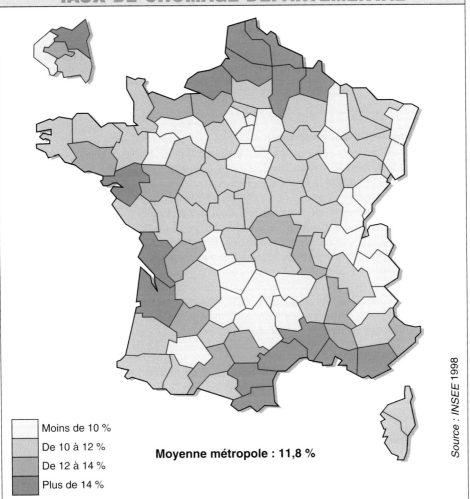

Moins de 10 %
De 10 à 12 %
De 12 à 14 %
Plus de 14 %

Moyenne métropole : 11,8 %

Source : INSEE 1998

■ **Les taux de chômage départementaux**

Le chômage est très élevé dans le nord de la France, les estuaires de la Loire et de la Garonne et le littoral méditerranéen. Pour les deux premiers ensembles cela s'explique par la crise des secteurs traditionnels d'une industrialisation déjà ancienne. Pour les rives du sud-est, le chômage est en partie importé des autres régions : créateur d'emplois, le sud-est attire à la fois les candidats potentiels, mais aussi les conjoints, voire les enfants des nouveaux embauchés.

Le chômage est faible dans le sud du Massif Central en raison d'une diminution de population active, et dans les régions qui bénéficient de pôles d'activités exceptionnels : la région parisienne et les régions frontalières de l'est, notamment l'Alsace qui profite du dynamisme du voisin allemand.

CADRE NATUREL
POPULATION
ORGANISATION
VIE ÉCONOMIQUE
COMMUNICATION
FRANCE ET MONDE

Un nouvel espace économique

Aujourd'hui, les régions de l'ouest et du sud connaissent des transformations dynamiques alors qu'avant 1975, les régions prospères étaient situées au nord de la ligne Le Havre-Marseille.

La nouvelle donne spatiale

Au moment où les trois régions les plus industrialisées, l'Ile-de-France, le Nord-Pas-de-Calais et la Lorraine voient fondre leurs effectifs industriels, une vie nouvelle anime l'ouest et le sud de la France.

Cette nouvelle donne spatiale des activités économiques résulte de la crise des activités traditionnelles, de l'utilisation des technologies nouvelles et de l'évolution des mentalités. La modernisation des moyens de transports, l'utilisation de matériaux légers, les nouvelles techniques de l'information, notamment la télémécanique, ont apporté une grande liberté dans le choix de l'implantation d'une activité industrielle ou tertiaire. À ceci s'ajoute pour l'installation des hommes, l'attrait de la mer et du soleil. Si l'on considère le résultat des migrations de population entre régions, le Nord-Pas-de-Calais, l'Ile-de-France et la Lorraine totalisent les trois quarts des départs, les régions Provence-Alpes-Côtes d'Azur et Languedoc-Roussillon accueillent la moitié des arrivées.

L'aménagement du territoire

La Délégation à l'Aménagement du Territoire et à l'Action Régionale (DATAR) a été créée en 1963. Elle a pour but de corriger les déséquilibres entre les différentes régions. L'État établit avec les régions des contrats de plan qui précisent les orientations souhaitées et fixent les contributions financières de chacune des parties.

Variations régionales du nombre des actifs

Augmentation ou diminution du nombre des actifs			
Languedoc-Roussillon	17,0 %	Pays-de-la-Loire	4,8 %
Prov.-Alpes-Côte-d'A.	13,4 %	Bretagne	3,8 %
Corse	12,1 %	Poitou-Charente	3,8 %
Rhône-Alpes	9,9 %	Champagne-Ardenne	2,4 %
Aquitaine	8,9 %	Nord-Pas-de-Calais	2,3 %
Midi-Pyrénées	9,5 %	Franche-Comté	2,2 %
Île-de-France	8,6 %	Bourgogne	2,0 %
Alsace	8,0 %	Basse-Normandie	1,5 %
Picardie	6,1 %	Lorraine	0,4 %
Haute-Normandie	5,6 %	Auvergne	– 0,5 %
Centre	5,4 %	Limousin	– 1,8 %
		France entière	**6,6 %**

(Recensements 1982-1990)

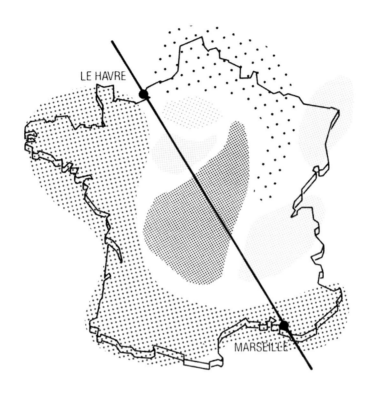

LE HAVRE

MARSEILLE

Les régions en déclin.
Ces vieilles régions industrielles dont les activités traditionnelles sont en crise, voient leurs populations diminuer.

Les régions hésitantes.
Ces régions des terres intérieures ne souffrent d'aucun handicap sérieux, mais, espaces un peu vides, elles manquent de dynamisme.

La région capitale.
La région parisienne conserve sa place prépondérante en France, même si elle perd des hommes et des emplois industriels.

Les régions fortes des fleuves.
Ces régions s'organisent le long de grands couloirs de circulation.

Les régions gagnantes des côtes.
Les régions côtières de l'ouest, du sud-ouest et du sud-est deviennent des lieux privilégiés pour l'installation des activités utilisant les technologies nouvelles.

CADRE NATUREL

POPULATION

ORGANISATION

VIE ÉCONOMIQUE

COMMUNICATION

FRANCE ET MONDE

Les revenus des Français

Les revenus des Français proviennent à 40 % des salaires, à 33,5 % des prestations sociales (pensions de retraites, indemnités de chômage). Le reste est constitué des revenus de la propriété (actions, locations) ou des revenus d'entrepreneurs sans comptabilité séparée de celle de leur ménage.

La répartition des salaires

Catégories socioprofessionnelles	Montants annuels nets en euros		Écarts H/F
	hommes	femmes	en %
Cadres	41 190	31 690	23,1
Agents de maitrise	22 380	19 920	11
Employés	15 770	14 420	8,6
Ouvriers	15 390	14 940	3
Moyenne	21 940	17 540	20,1

Si l'on considère la totalité des salariés, et donc ceux qui touchent des primes d'ancienneté, le salaire mensuel net moyen s'établit à 1 828 € pour les hommes et à 1 461 € pour les femmes.

SMIC et smicards

Le Salaire Minimum Interprofessionnel de Croissance, garanti à tous les travailleurs, s'élevait en juillet 2003 à 7,19 €/h, soit 1 215,11 € bruts mensuels pour les salariés restés à 39 h et 1090,48 € sur la base légale des 35 h. Il concernait plus de 3 millions de personnes. Dans les établissements employant plus de 10 salariés, le nombre de smicards va en augmentant : 5,8 % en 1974, 7,3 % aujourd'hui. Dans les établissements de moins de 10 salariés, les smicards représentent le tiers des effectifs, mais les femmes payées au Smic sont globalement deux fois plus nombreuses que les hommes : 20 % contre 10 %.

La géographie des revenus

Si l'on considère la valeur absolue, les salaires parisiens sont supérieurs de 28 % à ceux de la province.
Si l'on considère la croissance des salaires sur les dix dernières années, l'on constate une moindre augmentation dans les vieilles régions industrielles : Nord, Lorraine, Franche-Comté, Île-de-France. Dans le même temps, les rémunérations en Bretagne, Aquitaine, Midi-Pyrénées, Languedoc-Roussillon, et Provence-Alpes-Côte d'Azur connaissent une progression sensible. C'est l'effet d'un rattrapage mais aussi la conséquence de la nouvelle donne spatiale (voir page 119). Dynamiques, ces régions attirent aujourd'hui des cadres et des salariés hautement qualifiés : les salaires augmentent en fonction du niveau de formation.

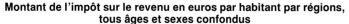

Montant de l'impôt sur le revenu en euros par habitant par régions, tous âges et sexes confondus

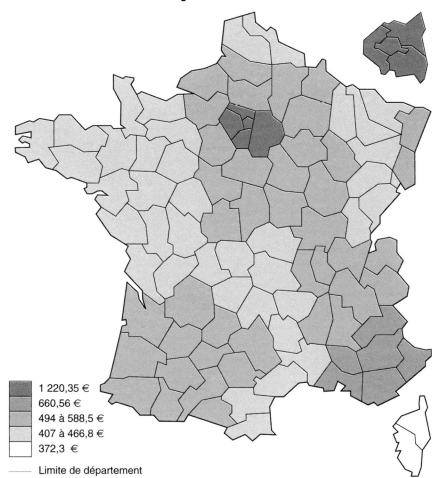

1 220,35 €
660,56 €
494 à 588,5 €
407 à 466,8 €
372,3 €

——— Limite de département

■ L'Ile-de-France au premier rang

Les disparités dans la répartition géographique des revenus sont mises en évidence par la carte de l'imposition sur le revenu.

La moyenne nationale d'imposition par habitant s'élève à 640,9 €. Deux régions se situent au-dessus : la région Pro-vence-Alpes-Côte d'Azur et la région Île-de-France, nettement en tête pour les sommes versées. Cette dernière représente en effet à elle seule 36 % de l'impôt collecté. C'est l'un des signes de l'exceptionnelle concentration de richesses et d'activités de la région pari-sienne.

CADRE NATUREL

POPULATION

ORGANISATION

VIE ÉCONOMIQUE

COMMUNICATION

FRANCE ET MONDE

Le pouvoir d'achat des Français

> L'évolution du pouvoir d'achat est déterminée par la confrontation entre les revenus que reçoivent les Français et l'indice des prix à la consommation.

▬▬▬ Pouvoir d'achat et indice des prix

L'indice des prix calculé par l'INSEE repose sur l'observation de 170 000 prix répartis en 296 postes représentant les dépenses des ménages. Les prix sont relevés dans 3 000 points de vente de 100 villes de plus de 2 000 habitants.

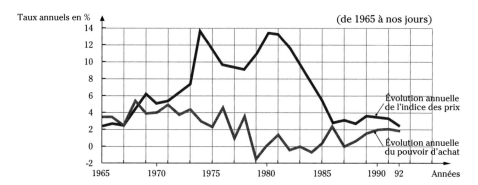

▬▬▬ Trois phases d'évolution

☐ **1968 - 1973 : un gain annuel de 4 %.** En 1968, le pouvoir d'achat gagne 5,3 points. Les grandes grèves de mai ont conduit aux accords de Grenelle : le SMIG gagne 35 %, les salaires 7 % en juillet et 3 % en octobre. La croissance des salaires se stabilise ensuite aux environs de 10 % l'an. Les prix augmentent de 5 % à 6 %, puis de 7 % en 1973. Le gain de pouvoir d'achat tourne autour de 4 % annuels.

☐ **1974 - 1978 : une croissance irrégulière.** Le quadruplement du prix du pétrole à l'automne 1973 réveille une crise latente. Les prix s'envolent : + 17 %, les salaires suivent avec un décalage : + 14 %. Par la suite la hausse des prix décroît, mais pas au-dessous de 9 %. Le pouvoir d'achat augmente encore mais irrégulièrement.

☐ **1979 - 2002 : le marasme.** Le prix du pétrole double en 1979. Les prix prennent les salaires de vitesse : le pouvoir d'achat du salarié moyen baisse de 2 %. Le pouvoir d'achat stagne. En 1981, le SMIC augmente de 18 %, les salaires moyens de 15 %. Depuis 1982 la rigueur a pris le dessus et malgré un indice des prix stabilisé en dessous des 4 %, l'époque des gains de pouvoir d'achat est révolue. Dans les années quatre-vingt-dix, le ralentissement de la croissance combiné à des mesures de chômage partiel, à des vagues de licenciements et à la modération salariale imposée dans le cadre des 35 h influe sur la progression des salaires.

LE POUVOIR D'ACHAT DU FRANC

■ Petite histoire du franc

C'est l'ordonnance du 5 décembre 1360 qui, la première, nomme de façon précise le « franc d'or fin ». Cette pièce représente Jean le Bon à cheval. Elle était destinée à rendre « franc », c'est-à-dire libre, le roi de France retenu en Angleterre depuis le désastre de Poitiers en 1356. La pièce vaut 20 sols. Francs et livres pouvaient alors être synonymes.

C'est en 1795 que la Convention crée le « franc français » et réalise ainsi l'unité monétaire de la France, matérialisée par une pièce de 5 grammes d'argent.

C'est en janvier 1960 qu'est créé le franc actuel, le « nouveau franc » (NF). Ce franc lourd vaut 100 F anciens d'avant 1960. Survenant après une dévaluation, cette opération a un but purement psychologique : donner à la France une unité monétaire qui fasse bonne figure à côté des grandes monnaies internationales.

■ Convertir le franc du XXe siècle en euros

Le tableau ci-après indique approximativement l'évolution du pouvoir d'achat du franc depuis 1901. Il permet de se faire une idée de la valeur d'une somme exprimée en francs de 1901 à 2001.

Pour estimer en euros de 2002 une valeur en francs de 1915, 1940 ou de 1990, il faut multiplier la somme en francs par le coefficient de transformation relatif à l'année considérée.

Exemple :
1915 : **150 F** x 2,31339 = 347 €
1940 : **150 F** x 0,33048 = 49,5 €
1990 : **150 F** x 0,18717 = 28 €

Coefficient de transformation en euros de 2002 des francs de...	
1 franc de l'année...	vaut en euros
1901	3,20315
1905	3,20315
1910	3,20315
1915	2,31339
1920	0,78568
1925	0,69402
1930	0,47319
1935	0,64063
1940	0,33048
1945	0,10384
1950	0,02308
1955	0,01780
1960	1,31029
1965	1,08922
1970	0,88204
1975	0,56639
1980	0,34442
1981	0,30370
1982	0,27161
1983	0,24777
1984	0,23068
1985	0,21798
1986	0,21233
1987	0,20586
1988	0,20247
1989	0,19348
1990	0,18717
1991	0,18136
1992	0,17717
1993	0,17355
1994	0,17071
1995	0,16781
1996	0,16456
1997	0,16256
1998	0,16144
1999	0,16064
2000	0,15797
2001	0,15538

Source : INSEE

CADRE NATUREL
POPULATION
ORGANISATION
VIE ÉCONOMIQUE
COMMUNICATION
FRANCE ET MONDE

Le budget de l'État

Le budget de l'État fait, chaque année, l'objet d'un vote par le Parlement d'une loi de finances qui établit le volume des dépenses et des recettes. Le budget est le moyen pour le gouvernement de conduire sa politique économique et sociale en fixant des choix, en établissant des priorités.

Les recettes de l'État

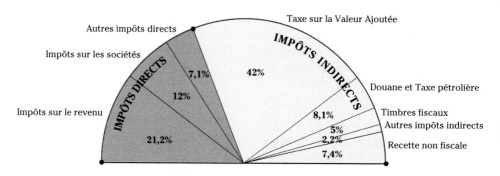

Les recettes fiscales (impôts + taxes) payées par les Français procurent à l'État l'essentiel de ses ressources

Les dépenses de l'État

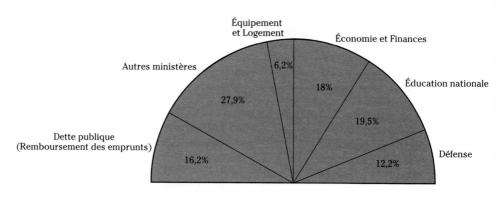

L'équilibre du budget

L'équilibre du budget n'a été atteint que quatre fois depuis 1968, en 1970, 1972, 1973 et 1974. Le déficit 2002 s'est monté à 47,2 milliards d'euros, chiffre considérable en lui-même, mais qui ne représente que 3,1 % des richesses produites par la France en un an. Pour combler le déficit, l'État a recours à l'emprunt.

■ Impôts et cotisations

Personne ne s'acquitte de ses obliga-tions fiscales avec plaisir et pourtant, les impôts constituent l'essentiel des res-sources de l'État.

On distingue deux sortes d'impôts. Les impôts directs frappent les personnes en tant qu'individu : c'est notamment le cas de l'impôt sur le revenu. Les impôts indirects sont répercutés dans le prix d'un produit sous forme de taxes et sont supportés par les consommateurs de ce produit, quel que soit le niveau de leurs revenus. Le plus connu est la Taxe sur la Valeur Ajoutée (TVA).

Aux impôts directs et indirects s'ajoutent les cotisations sociales, c'est-à-dire les versements faits par les assurés sociaux et leurs employeurs pour ouvrir et main-tenir leurs droits et prestations : assu-rance-maladie, retraite…

Les impôts, qu'ils soient nationaux ou locaux, et les cotisations sociales constituent les prélèvements obliga-toires dont le montant total équivaut à 44 % du Produit intérieur brut.

La répartition des prélèvements obligatoires en France (en %)

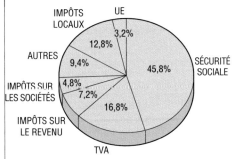

■ L'évolution des impôts

Sur les dix dernières années les prélè-vements obligatoires ont augmenté en France (de 42 à 46 % du PIB). Mais ce sont les cotisations sociales et les impôts locaux qui en sont responsables. Dans le volume global des prélèvements, la part des impôts locaux est passée de 4,7 à 6,2 %. Cela s'explique par la loi de décentralisation et le transfert de com-pétences de l'État aux collectivités locales.

En dix ans cependant, la part des impôts d'État dans le prélèvement global a baissé de 17,8 à 15,8 %. La diminution la plus sensible concerne les impôts sur les bénéfices des sociétés dont le taux est tombé de 50 à 33,3 %.

■ La fiscalité en Europe

Les prélèvements obligatoires des pays de l'UE se caractérisent par des diffé-rences de niveaux très importantes, qui sont autant de handicaps dans la mise en place du grand marché européen.

Tableau comparatif des prélèvements obligatoires

Pays	Taux global des prélèvements (% du PIB)	Répartition des prélèvements obligatoires (% du total)		
		Impôt revenu	Impôt sociétés	Cotisations sociales
Allemagne	38,1	29,5	5,5	36,3
Belgique	44,3	30,7	6,7	34,2
Danemark	49,9	52,1	4,2	2,4
Espagne	34,4	22,9	8,6	34,6
France	43,8	9,5	4	46,3
Royaume-Uni	36,5	26,6	12,3	17,6
Grèce	33,2	13,3	4,6	31,6
Irlande	37,6	31,7	3,4	14,5
Italie	37,8	26,7	10,1	33,2
Luxembourg	42,4	23,4	17,7	26,2
Pays-Bas	46	21,1	7,7	41
Portugal	35,1	13,9	3,9	26,3
Moyenne UE	39,9	25,3	7,5	28,5

CADRE NATUREL
POPULATION
ORGANISATION
VIE ÉCONOMIQUE
COMMUNICATION
FRANCE ET MONDE

Le commerce extérieur

La France occupe, selon les années, le quatrième ou le cinquième rang des pays exportateurs. Depuis 1992, la balance commerciale enregistre des excédents commerciaux records : entre 13 et 19 milliards d'euros. De tels résultats attestent de l'assainissement de l'économie et de la forte compétitivité des entreprises françaises : compétitivité accrue, reconquête du marché intérieur.

▬▬▬ La répartition géographique des échanges

Les importations (en % du total) en provenance de :

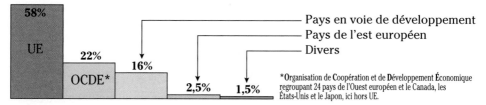

58% UE
22% OCDE*
16%
2,5%
1,5%
— Pays en voie de développement
— Pays de l'est européen
— Divers

*Organisation de Coopération et de Développement Économique regroupant 24 pays de l'Ouest européen et le Canada, les États-Unis et le Japon, ici hors UE.

Les exportations (en % du total) à destination de :

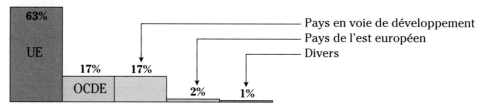

63% UE
17% OCDE
17%
2%
1%
— Pays en voie de développement
— Pays de l'est européen
— Divers

Le commerce extérieur de la France est marqué par l'intégration progressive de l'économie française à l'Europe en construction. Il se réoriente d'ailleurs. En quinze ans, la part des exportations à destination des pays industrialisés, solvables et donc concurrentiels de l'UE et de l'OCDE est passée de 60 à 80 %.

▬▬▬ Les principaux clients et fournisseurs

Les pays fournisseurs (% du total des importations)		Les pays clients (% du total des exportations)	
Allemagne	14,2	Allemagne	17,0
Grande-Bretagne	10,1	Italie	8,9
Espagne	9,5	États-Unis	7,8
Italie	8,8	Grande-Bretagne	7,2
États-Unis	7,8	Espagne	7,1
Belgique	7,6	Belgique	6,9
Hollande	3,9	Hollande	4,7
Japon	1,6	Suisse	2,1

LA NATURE DES ÉCHANGES

■ Les principales exportations

Le rang et la part de la France dans les exportations mondiales (en pourcentage)

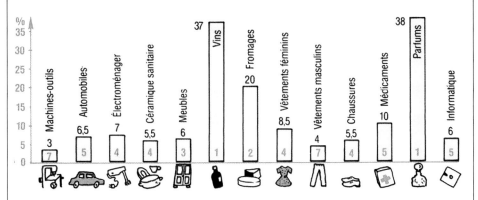

■ Les principaux soldes de la France avec les pays de l'OCDE

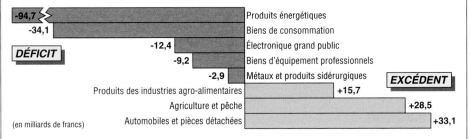

(en milliards de francs)

■ Depuis 1988 : le redressement de la balance commerciale

Depuis le milieu de l'année 1988, la France gagne des parts de marché sur ses concurrents européens, c'est-à-dire que ses exportations augmentent plus vite que celles de ses principaux partenaires. Le redressement des échanges industriels provient en partie de la conjoncture : l'essor des importations allemandes après la réunification. Mais il s'explique aussi par des changements structurels : les prélèvements obligatoires de l'État ont été réduits du fait de la réduction des charges des entreprises, notamment de la baisse de l'impôt sur les bénéfices (– 34 %).

Ceci leur a permis de faire un important effort d'investissement : + 80 % pour les entreprises industrielles.
Plus solides financièrement, mieux équipées et disposant d'un personnel mieux formé, les entreprises françaises ont gagné des parts de marché en valeur et en volume. Mais cette compétitivité retrouvée doit affronter deux écueils : la baisse des commandes d'une Allemagne en crise et la concurrence de produits espagnols, italiens et britanniques devenus moins chers du fait de la dévaluation des monnaies nationales respectives.

CADRE NATUREL

POPULATION

ORGANISATION

VIE ÉCONOMIQUE

COMMUNICATION

FRANCE ET MONDE

La suprématie de la route

La France a un réseau routier extrêmement dense. Ses 1 123 000 kilomètres de routes goudronnées la placent au premier rang de l'UE pour la longueur de son réseau. Ses 9 902 km d'autoroutes et de voies rapides la placent au 4e rang mondial après les États-Unis, l'Australie et l'Allemagne.

Le réseau autoroutier

En 1960, les pouvoirs publics ont mis en place un vaste programme autoroutier. La construction et l'exploitation des autoroutes ont été concédées à des sociétés privées en 1969. Le réseau est centralisé : il se noue sur les 36 km du périphérique parisien et diverge en étoile vers les grandes villes de province. De grandes transversales existent cependant entre Mulhouse et Beaune, Bordeaux et Narbonne. Nancy et Dijon, Calais, Reims et Dijon.

Le schéma autoroutier arrêté par le gouvernement en 1990 prévoit, avant l'an 2005, 4 680 km d'autoroutes supplémentaires. Au programme l'achèvement des liaisons Genève - Bordeaux et Calais - Tours via Le Mans et le doublement de l'autoroute A1 par une nouvelle liaison Paris, Amiens, Arras, Lille.

Marchandises : la route ou le rail ?

Dans les années soixante, le trafic marchandises par la route (en tonnes-kilomètres) représentait la moitié de celui de la SNCF. Aujourd'hui, il en représente six fois plus.

La souplesse d'utilisation des camions, le fait qu'ils puissent livrer à domicile sans manutention supplémentaire, les ont imposés sur les courtes distances et pour les transports des produits agricoles et alimentaires. L'amélioration progressive du réseau routier a fait le reste, et les camions transportent aujourd'hui des pondéreux (pétrole, ciment) bien que leur consommation d'énergie soit supérieure à celle du rail.

**Transport des marchandises :
concurrence rail-route**
(milliards de tonnes-kilomètres)

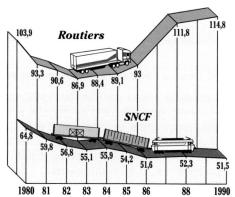

	1980	81	82	83	84	85	86	88	1990
Routiers	103,9	93,3	90,6	86,9	88,4	89,1	93	111,8	114,8
SNCF	64,8	59,8	56,8	55,1	55,9	54,2	51,6	52,3	51,5

Les routiers

38 155 entreprises de transports routiers font vivre 350 000 personnes, mais 80 % emploient moins de cinq salariés et 33 % un seul individu qui conduit son propre camion. La petitesse de la majorité des entreprises de transport explique que mille d'entre elles disparaissent chaque année, mais il s'en crée autant. En effet, c'est par la route que circulent 88 % des marchandises et que sont approvisionnées les entreprises qui pratiquent le « zéro stock » et la production en flux tendus.

■ **Le réseau autoroutier**

Source : Ministère de l'Équipement et du Logement

Temps approximatif de parcours Paris-Province

	Par route en voiture publique en 1780	Par autoroute, à 130 km/h aujourd'hui
Rennes	3 jours	2 h 50
Orléans	1 jour	0 h 55
Bordeaux	5 jours 1/2	4 h 25
Lyon	5 jours	3 h 35
Marseille	8 jours	6 h
Metz	3 jours	2 h 35
Strasbourg	5 jours	3 h 40
Lille	2 jours	1 h 45

CADRE NATUREL

POPULATION

ORGANISATION

VIE ÉCONOMIQUE

COMMUNICATION

FRANCE ET MONDE

Les transports ferroviaires et aériens

> La France est au 4e rang mondial pour le trafic voyageurs. Tous les ans, 63 millions de personnes prennent le TGV et trois compagnies aériennes nationales transportent 80 millions de passagers.

Un trafic ferroviaire important

Sur 823 millions de voyageurs transportés, 65 % le sont sur les lignes de la banlieue parisienne et 35 % sur les lignes du réseau principal. L'amélioration du confort des voitures, la mise en service du TGV (200 km/h de moyenne, pointes à 300 km/h) sur Bordeaux, Toulouse, Lille, Lyon et Marseille ont permis d'enrayer une baisse de la fréquentation provoquée par la concurrence de la voiture individuelle et de l'avion. Malgré ses 139 millions de tonnes acheminées, le trafic marchandises connaît un déclin. Il ne représente que 8 % du tonnage total transporté car il subit la double concurrence des transports routiers et des tubes (pipe-lines, gazoduc).

Le réseau TGV

Le réseau ferré français compte 31 800 km dont 14 200 sont électrifiés et assurent, à eux seuls, 80 % du trafic global. En mai 1991, le gouvernement a rendu public son projet d'extension du réseau TGV. Les 4 700 km des 16 lignes prévues sont nettement centrées sur Paris. Le coût est évalué à 180 milliards de francs pour les infrastructures et à 30 milliards pour le matériel roulant. De ce fait, aucun calendrier précis n'est donné.

Pour dégager sa part d'investissements, la SNCF doit faire des économies. C'est ainsi qu'elle prévoit de fermer 2 000 gares de marchandises et autant d'embranchements industriels privés. Il est également prévu d'abandonner l'exploitation des voies secondaires n'arrivant pas à une gare TGV, à moins que les collectivités locales ne subventionnent ces lignes d'intérêt local.

Le réseau TGV est aussi inscrit dans l'espace nord-européen puisqu'il atteint Bruxelles, Amsterdam, Cologne et même Londres via le tunnel.

Les liaisons aériennes

La France dispose de 80 aéroports : c'est le record européen. Mais Paris assure à lui seul 58 % du trafic passagers et 85 % du fret. Deux compagnies, Air France (190 escales dans 80 pays) et UTA (45 escales dans 30 pays), assurent les vols à destination de l'étranger.

Air Inter dessert l'intérieur du territoire et transporte environ 16 millions de passagers par an, des hommes d'affaires pour les neuf dixièmes. 6 des 35 destinations au départ de Paris concentrent la moitié du trafic : il s'agit de Marseille, Toulouse, Nice, Montpellier, Bordeaux et Lyon.

Les aéroports français millionnaires en passagers	
Paris	63 626 000
Nice	8 087 000
Marseille	5 671 000
Lyon	5 221 000
Toulouse	4 722 000
Bordeaux	2 793 000
Mulhouse	1 837 000

Le schéma directeur, arrêté en mai 1991, prévoit la mise en service de seize lignes de TGV représentant un réseau de 4 700 kilomètres d'ici à 2025.

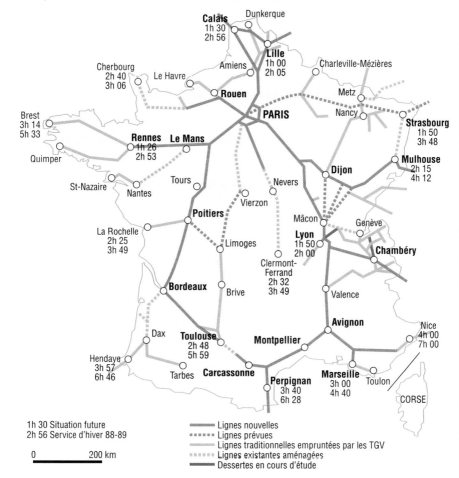

1h 30 Situation future
2h 56 Service d'hiver 88-89

0   200 km

Lignes nouvelles
Lignes prévues
Lignes traditionnelles empruntées par les TGV
Lignes existantes aménagées
Dessertes en cours d'étude

Temps moyens de parcours Paris-Province

	En train, de gare à gare	En avion, d'aéroport à aéroport
Rennes	2 h 15 (TGV)	1 h 05 mn
Bordeaux	3 h (TGV)	1 h
Lyon	2 h (TGV)	1 h
Marseille	5 h (IGV)	1 h 15 mn
Lille	1 h (TGV)	xxxxxxxxx

CADRE NATUREL

POPULATION

ORGANISATION

VIE ÉCONOMIQUE

COMMUNICATION

FRANCE ET MONDE

Transports fluviaux et maritimes

La France ne représente que 0,9 % de la flotte mondiale où elle occupe le vingt-huitième rang. Le premier de ses ports, Marseille est au 13e rang mondial (il était 5e, il y a dix ans).

Les voies d'eau intérieures

Le réseau des voies d'eau intérieures françaises ne dessert pas l'ensemble du territoire. Il est peu développé dans le centre, l'ouest et le sud du pays où l'ensemble Rhône-Saône fait figure d'exception. Il est important au nord d'une ligne Le Havre-Dijon. Mais il manque d'homogénéité : seuls 1 600 km, le cinquième du réseau, sont à grand gabarit et peuvent supporter des unités supérieures à 3 000 tonnes. La liaison Atlantique-Méditerranée est « inexistante ». Le projet de mise à grand gabarit de la liaison Rhin-Rhône a été abandonné en juin 1997.

Les principaux ports fluviaux se situent sur l'ensemble Grand Canal d'Alsace-Rhin et sur la Seine, qui est la plus active des voies d'eau françaises : elle assure 60 % du trafic fluvial exprimé en tonnes-kilomètres. Les voies d'eau intérieures françaises supportent un trafic de 51 Mt et s'étendent sur 8 533 km dont 4 326 de canaux.

La marine marchande en crise

Les navires traditionnels, paquebots et cargos polyvalents, cèdent le pas à des navires spécialisés : pétroliers (55 % du tonnage), transporteurs de vrac sec (minerai de fer, blé), navires polythermes (viande, banane) et porte-conteneurs. Mais la flotte diminue. On compte 207 navires de plus de 100 tonneaux battant pavillon français, contre 515 il y a vingt ans et 10 770 marins et officiers.

Un trafic déséquilibré

Le trafic portuaire en 1998

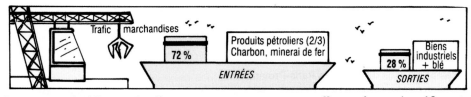

Trafic marchandises
- 72 % — Produits pétroliers (2/3), Charbon, minerai de fer — ENTRÉES
- 28 % — Biens industriels + blé — SORTIES

Les quantités débarquées l'emportent nettement sur celles embarquées. 18 ports assurent la quasi-totalité du trafic marchandises mais 6 d'entre eux en réalisent les quatre cinquièmes : Marseille, troisième port européen après Rotterdam et Anvers, Le Havre, Dunkerque, Nantes-Saint-Nazaire, Rouen et Bordeaux. Ces six « ports autonomes », créés en 1965, sont gérés en commun par les collectivités locales et l'État, qui a pris à sa charge les plus grosses dépenses d'équipement.

Le trafic passagers compte 25 millions de voyageurs, surtout en Manche (80 % du trafic). À Calais transitent annuellement 20 millions de personnes.

LES GRANDES ROUTES MARITIMES

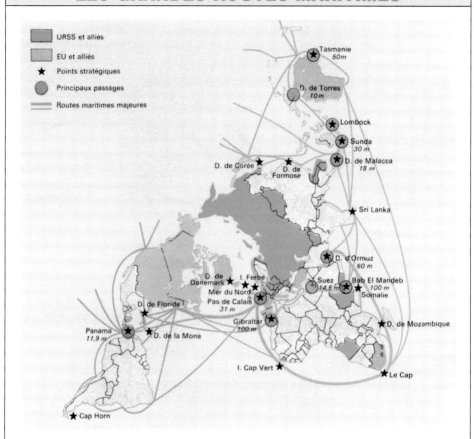

Légende :
- URSS et alliés
- EU et alliés
- ★ Points stratégiques
- ● Principaux passages
- ═══ Routes maritimes majeures

Points et passages indiqués sur la carte :
- Tasmanie 50m
- D. de Torres 10m
- Lombock
- Sunda 30 m
- D. de Malacca 18 m
- D. de Corée
- D. de Formose
- Sri Lanka
- D. d'Ormuz 60 m
- D. de Danemark
- I. Feroe
- Mer du Nord
- Pas de Calais 31 m
- Suez 14,5 m
- Bab El Mandeb 100 m
- Somalie
- D. de Floride
- Gibraltar 100 m
- D. de Mozambique
- Panama 11,9 m
- D. de la Mona
- I. Cap Vert
- Le Cap
- Cap Horn

Marchandises embarquées et débarquées (en millions de tonnes)

Ports	Débarquées	Embarquées	Total (tonnes)
Marseille	75,6	17,8	93,4
Le Havre	51,6	14,7	66,3
Dunkerque	31,8	7,4	39,2
Calais	14,8	18,1	32,9
Nantes - St - Nazaire	24,7	6,9	31,6
Rouen	8,8	12,3	21,1
Bordeaux	5,3	3,2	8,5

CADRE NATUREL

POPULATION

ORGANISATION

VIE ÉCONOMIQUE

COMMUNICATION

FRANCE ET MONDE

La presse écrite

Avec 127 quotidiens vendus pour 1 000 habitants, la France n'occupe que le huitième rang européen pour l'importance de ses lecteurs. 13 quotidiens nationaux et 73 quotidiens régionaux paraissent régulièrement. Ils ne représentent que 40 % des ventes des 2 882 titres de la presse écrite.

La presse quotidienne

Quotidiens régionaux (diffusion moyenne)		Quotidiens nationaux (diffusion moyenne)	
Ouest-France	782 000	Le Monde	407 000
Le Parisien	363 000	Le Figaro	360 000
Sud-Ouest	325 000	L'Équipe	324 000
La Voix du Nord	316 000	Libération	153 000
Le Progrès	259 000	Aujourd'hui en France	150 000
Le Dauphiné Libéré	258 000	Les Échos	143 000

La presse française est d'une grande vitalité, mais elle reste dans son ensemble modeste au plan des tirages, si on la compare à la diffusion des grands journaux européens.

La presse magazine

La presse hebdomadaire d'informations générales (diffusion moyenne)			
Paris Match	718 000	Ici Paris	449 000
France-Dimanche	584 000	Le Point	367 000
L'Express	555 000	Gala	311 000
Le Nouvel Observateur	541 000	Pèlerin	303 000
Le Figaro Magazine	481 000	Point de vue	294 000

La presse féminine (diffusion moyenne)			
Version Fémina	3 599 000	Maxi	531 000
Femme Actuelle	1 402 000	Modes & Travaux	512 000
Prima	686 000	Madame Figaro	475 000
Voici	590 000	Marie-Claire	463 000

7 grands groupes de presse

7 grands groupes dominent la presse écrite française : Hersant (Le Figaro, France-Soir...), Hachette (Télé 7 jours, Elle...), Mondiales (Télé Poche, Modes et Travaux...), Amaury (Le Parisien, L'Équipe...), Filipacchi (Paris Match, Photo...), Prisma (Géo, Ça m'intéresse...), Compagnie Européenne de Publication (L'Usine Nouvelle, Le Moniteur...).

LA PRESSE RÉGIONALE

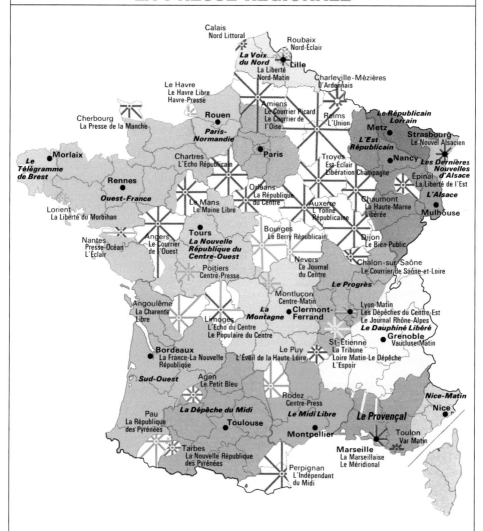

Calais
Nord Littoral

Roubaix
Nord-Éclair

La Voix du Nord Lille
La Liberté
Nord-Matin

Charleville-Mézières
D'Ardennais

Le Havre
Le Havre Libre
Havre-Presse

Cherbourg
La Presse de la Manche

Rouen
Paris-Normandie

Amiens
Le Courrier Picard
Le Courrier de
l'Oise

Reims
L'Union

Le Républicain Lorrain

Metz

Strasbourg
Le Nouvel Alsacien

L'Est Républicain

Morlaix

Le Télégramme de Brest

Rennes

Ouest-France

Chartres
L'Écho Républicain

Paris

Troyes
Est-Éclair
Libération Champagne

Nancy
Les Dernières Nouvelles d'Alsace

Épinal
La Liberté de l'Est

L'Alsace

Lorient
La Liberté du Morbihan

Orléans
La République
du Centre

Le Mans
Le Maine Libre

Auxerre
L'Yonne
Républicaine

Chaumont
La Haute-Marne
Libérée

Mulhouse

Nantes
Presse-Océan
L'Éclair

Angers
Le Courrier
de l'Ouest

Tours
La Nouvelle République du Centre-Ouest

Bourges
Le Berry Républicain

Dijon
Le Bien-Public

Poitiers
Centre-Presse

Nevers
Le Journal
du Centre

Chalon-sur-Saône
Le Courrier de Saône-et-Loire

Le Progrès

Angoulême
La Charente
Libre

Limoges
L'Écho du Centre
Le Populaire du Centre

Montluçon
Centre-Matin

La Montagne

Clermont-Ferrand

Lyon-Matin
Les Dépêches du Centre-Est
Le Journal Rhône-Alpes
Le Dauphiné Libéré

Grenoble
Vaucluset Matin

Bordeaux
La France-La Nouvelle
République

Le Puy
L'Éveil de la Haute-Loire

St-Étienne
La Tribune
Loire Matin-Le Dépêche
L'Espoir

Sud-Ouest

Agen
Le Petit Bleu

Rodez
Centre-Press

Nice-Matin

Nice

Pau
La République
des Pyrénées

La Dépêche du Midi

Toulouse

Le Midi Libre

Le Provençal

Toulon
Var Matin

Montpellier

Tarbes
La Nouvelle République
des Pyrénées

Perpignan
L'Indépendant
du Midi

Marseille
La Marseillaise
Le Méridional

■ Quelques grands quotidiens européens (diffusion moyenne)

Bild Zeitung	Allemagne	5 396 000
The Sun	Royaume-Uni	3 772 000
Daily Miror	Royaume-Uni	3 008 000
Daily Mail	Royaume-Uni	1 720 000
Daily Express	Royaume-Uni	1 563 000
Daily Telegraph	Royaume-Uni	1 083 000
Daily Star	Royaume-Uni	890 000

CADRE NATUREL

POPULATION

ORGANISATION

VIE ÉCONOMIQUE

COMMUNICATION

FRANCE ET MONDE

L'ère de la télécommunication

> Depuis vingt ans, de nouveaux équipements se propagent : télématique, micro-ordinateurs avec logiciels, magnétoscopes et vidéocassettes, télévision par câble, fibres optiques...

Les deux révolutions du téléphone

En 1974, seulement 25 % des ménages français étaient équipés de téléphone. Le taux d'équipement a franchi le seuil des 75 % vers 1982 et voisine 100 % aujourd'hui. Mais plus que le nombre de postes, c'est la croissance du trafic téléphonique qui est révélatrice de l'entrée dans l'ère des télécommunications : on est passé de 15 milliards de taxe de bases en 1970 à plus de 140 milliards aujourd'hui. Mais il s'est produit dans les années 1990 une deuxième révolution : celle de la téléphonie mobile. On comptait 200 000 exemplaires en 1990, on en dénombre plus de 15 millions aujourd'hui.

Internet et les Français

Les Français marquent un certain retard dans l'utilisation d'Internet. Cela tient d'une part à un service télématique performant au cours des années 1980 : le Minitel. Ce dernier, gracieusement offert par France Télécom qui se payait sur les communications, a retardé l'implantation d'Internet. Mais cela est aussi dû à un sous-équipement des Français en ordinateurs domestiques : un cinquième seulement des foyers sont équipés d'un micro contre un tiers en Allemagne et près de la moitié aux États-Unis. Ce retard est appelé à être comblé par l'impulsion gouvernementale et par le développement du commerce électronique.

« Plan câble » et fibres optiques

Les fibres optiques en fibres de verre sont très performantes : fines comme des cheveux, elles acheminent à grande vitesse tout type d'information préalablement numérisé : écrits, paroles, images fixes ou animées. Ainsi l'équivalent d'une encyclopédie en trente volumes peut être transmise sur 117 km en une seule seconde. Le câble sous-marin TAT 8, mis en service en 1988 entre l'Europe et les États-Unis, peut faire circuler simultanément 40 000 communications téléphoniques.

Le « plan câble » mis en chantier en 1982 devait conduire la télévision à domicile dans 57 villes du territoire métropolitain. Mais l'opération connaît un grave échec financier : 4,2 millions de foyers sont bien câblés, mais seuls 770 000 se sont abonnés, soit 18,5 %, or le seuil de rentabilité est situé à 30 %. Une mauvaise coordination entre France Télécom et les prestataires de service, le manque d'intérêt de certains programmes et le coût des abonnements expliquent cet insuccès. Ce plan a cependant été relancé par le gouvernement en 1992 : il prévoit le câblage des immeubles collectifs et une baisse de 25 % du prix des abonnements.

LE TEMPS DES SATELLITES

■ Les satellites de télécommunication

Les satellites de télécommunication placés en orbite autour de la Terre sont des relais qui retransmettent vers le sol des signaux reçus d'une station terrienne dont l'antenne est pointée sur eux. Ils acheminent ainsi le téléphone, le télex, la radio, la télévision, des données informatiques.

Les satellites du type Intelsat V sont capables de faire transiter simultanément 15 000 communications téléphoniques et deux chaînes de télévision couleur. Ils ont une durée de vie moyenne de 7 ans.

La réception au sol des signaux renvoyés par les satellites se fait au moyen d'antennes paraboliques.

■ Embouteillages à 35 885 km !

35 885 km, c'est l'altitude à laquelle gravitent sur une orbite circulaire dans le plan de l'équateur les satellites géostationnaires. Ils évoluent à la même vitesse que la Terre. Cela leur permet de couvrir continuellement le même tiers du globe terrestre.

3 000 engins ont été lancés depuis les débuts de l'épopée spatiale. 1 000 demeurent en orbite. 250 fonctionnent encore. 150 sur la seule orbite géostationnaire ! Cet encombrement a conduit l'Union Internationale des Télécommunications à partager la couronne géostationnaire. La France s'est vue attribuer la position : 19° de longitude ouest.

■ Le système Télécom 1

La France dispose d'un système national de télécommunication par satellite appelé Télécom 1. Deux satellites (dont un de secours) sont sur une orbite géostation-naire et assurent une triple mission :
— une mission de liaison avec les départements d'outre-mer vers lesquels ils acheminent communications téléphoniques et programmes de télévision.
— une mission de liaison « numérique » entre les entreprises françaises, voire européennes, qui favorise la pratique de la télécopie et de la téléconférence.
— une mission de liaison d'informations à usage militaire.

Les zones de service de Télécom 1

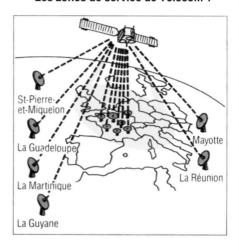

La France est bien placée dans le domaine des télécommunications, de par sa maîtrise technologique, de par son active contribution au programme européen de la fusée Ariane. Cependant la fibre optique se pose en rivale des télécommunications par voie spatiale. Ainsi le nouveau câble transatlantique TAT 8 risque de faire chuter de 50 % le nombre de communications téléphoniques Europe-États-Unis par la voie des airs. (75 % des connexions aujourd'hui).

CADRE NATUREL

POPULATION

ORGANISATION

VIE ÉCONOMIQUE

COMMUNICATION

FRANCE ET MONDE

Radios et télévisions

L'année 1981 a vu éclore mille six cents radios locales. La période 1984-1986 a vu le nombre de chaînes TV passer de trois à six. L'équipement des foyers français est proche de la saturation puisque 97 % des ménages sont pourvus de postes de radio et 99 % de téléviseurs, 45 % en ayant plusieurs.

L'essor des radios locales privées

Parts d'audience	
RTL	20 %
Europe 1	14 %
France Inter	13 %
NRJ	13 %
Skyrock	9,5 %
Europe 2	8,5 %

Le monde des radios est marqué, depuis 1981, par l'existence des radios locales privées. Elles représentent, aujourd'hui la moitié des parts d'audience. Sur les 1 700 radios réparties dans l'Hexagone, 1 200 sont des radios commerciales ; parmi elles, 900 sont liées, voire même intégrées à un réseau régional ou national : elles se contentent alors de passer des disques dont le choix, l'ordre et la fréquence de passage sont prévus par la station tête de réseau. Les plus importantes ont pour nom NRJ, Skyrock, Europe 2, Radio Nostalgie et Fun Radio.

TV : chaînes publiques et chaînes privées

Sur 6 chaînes TV, trois dépendent du secteur public : France 2, France 3 et ARTE qui partage son canal avec la 5 et n'émet que quelques heures par jour.

Trois sont privées : TF1, M6 et Canal+ ; cette dernière a pour particularité d'être une chaîne à péage accessible aux 4,3 millions d'abonnés munis d'un décodeur.

Mais la télévision payante s'est aussi rapidement développée avec l'apparition de la télévision par câble, par satellite et avec les bouquets de chaînes numériques. On peut désormais capter, sur le territoire national 130 chaînes différentes de télévisions contre 30 en 1990 et 3 en 1980. Près de 8 millions de foyers (dont 56 % pour Canal+) sont abonnés à la télévision payante. La redevance et la publicité constituent les recettes des chaînes publiques, la publicité et les abonnements, celles de chaînes privées.

Les équipements TV et radios en Europe

Les taux d'équipement des ménages								
	Bel	Dan	Fra	All	Hol	Ita	Esp	G.-B.
Poste TV	99 %	96 %	99 %	97 %	98 %	99 %	98 %	97 %
dont couleur	86 %	85 %	94 %	99 %	95 %	84 %	87 %	93 %
Magnétoscopes		21 %	72 %	27 %	18 %	27 %	10 %	57 %
Radios	98 %	98 %	97 %	98 %	99 %	93 %	96 %	99 %

LES SECRETS DE « L'HOMO CATHODICUS »

Qui regarde la télévision ?

(Durée d'écoute quotidienne moyenne en min)

6 ans et plus : 184
15 ans et plus : 192

Homme : 177
Femme : 204

6 – 10 ans : 130
11 – 14 ans : 153
15 – 24 ans : 137
25 – 34 ans : 168
35 – 49 ans : 160
50 ans et + : 249

Ménagère : 212
Ménagère – 50 ans : 170
Ménagère 50 ans et + : 258
Ménagère avec enfant : 170

Actif : 157
Inactif : 282
Homme actif : 158
Femme active : 168
Homme inactif : 221
Femme inactive : 238

– 100 000 habitants : 192
+ 100 000 habitants : 191

La durée d'écoute moyenne par jour, en France, est de 192 minutes pour un adulte (15 ans et plus). Cela place le téléspectateur français derrière le Portugal (224 mn), le Royaume-Uni (199 mn) et l'Italie (197 mn). Depuis le début des années quatre-vingts, la durée moyenne d'écoute a augmenté de 25 %. Cela est dû à la création de chaînes nouvelles (Canal + en 1984 et M6 en 1986), à la présence de plusieurs télévisions par foyer et à l'augmentation du temps de diffusion avec les tranches du matin et de la nuit.

Quand et par qui les programmes sont-ils choisis ?

Sur 100 personnes de chaque groupe possédant la télévision	à l'avance	le jour même	sur l'instant en regardant les premières images
Ensemble	26	49	12
Sexe			
Hommes	25	50	12
Femmes	26	48	11
Âge			
15 à 19 ans	25	49	14
20 à 24 ans	25	51	14
25 à 34 ans	26	50	14
35 à 44 ans	27	47	10
45 à 54 ans	24	46	12
55 à 64 ans	28	49	9
65 ans et plus	25	49	10
PCS de l'interviewé			
Agriculteurs	25	42	15
Art., com. et chefs d'ent.	20	48	13
Cadres et prof. intell.sup.	27	51	9
Professions intermédiaires	27	47	14
Employés	26	50	12
Ouvriers qualifiés	27	50	11
Ouvriers non qual., agricoles	20	47	16
Étudiants, élèves	25	51	12
Femmes au foyer	26	50	11
Retraités	27	48	9
Autres inactifs	27	48	13

Dans quelle pièce la télévision est-elle regardée ? (chiffres en %)

	Séjour salon	Cuisine	Chambres parents	Chambres enfants
1er téléviseur	87,6	7,6	3,2	0,5
2e téléviseur	14,3	25,4	32,9	18,9
3e téléviseur	8,2	10,2	22,4	42,9

Chiffres *Nouvelle enquête sur les pratiques culturelles des Français*, Ministère de la Communication.

CADRE NATUREL

POPULATION

ORGANISATION

VIE ÉCONOMIQUE

COMMUNICATION

FRANCE ET MONDE

La France dans l'Union européenne

La France occupe au cœur de l'Union européenne une position privilégiée, celle de carrefour entre les pays de l'Europe du Nord et les pays de l'Europe méditerranéenne.

▄▄▄ Les quinze pays membres

	Allemagne	Autriche	Belgique	Danemark	Espagne	Finlande	France	Grèce
Superficie (en milliers de km²)	357	84	30	43	505	337	548	132
Population (en millions)	82,1	8,1	10	5,2	39,6	5,1	60	10,6
Densité (hab/km²)	228	95	331	120	78,5	15	107	79
Population active (en %)								
– Agriculture	3	6,9	2,7	5,6	10	8,6	4,4	24,5
– Industrie	36	35	28,3	27,5	30	27,8	24,9	27,4
– Tertiaire	61	58,1	69	66,9	60	63,6	70,7	48,2
Produit intérieur brut (en milliards de $)	1 780	178	231	125	626	103	1 321	131
Produit/habitant (en $)	21 671	22 070	22 750	23 690	15 930	20 150	22 464	12 540
Taux chômage (en %)	9,1	4,6	9,1	4,7	18	10,8	11,3	10,1

	Irlande	Italie	Luxembourg	Pays-Bas	Portugal	Royaume-Uni	Suède
Superficie (en milliers de km²)	70	301	3	41	92	245	450
Population (en millions)	3,6	57,4	0,40	15,50	9,8	58,6	8,8
Densité (hab/km²)	51	192	157	380	115	239	20
Population active (en %)							
– Agriculture	9,6	6,9	2,1	4,2	6,2	2,2	3,2
– Industrie	32,6	32,8	36,8	31,5	38,1	25,9	26,7
– Tertiaire	57,8	60,3	61	64,2	55,7	71,9	70,1
Produit intérieur brut (en milliards de $)	75,8	1 167	12	329	141	1 223	175
Produit/habitant (en $)	20 710	20 296	30 140	21 110	14 270	20 730	19 790
Taux chômage (en %)	7,3	12,1	2,6	3,6	4,4	6,4	7,5

▄▄▄ Les dix nouveaux membres (2004)

Le 1er mai 2004, entrée de 10 nouveaux membres dans l'Union européenne : République tchèque, Estonie, Chypre, Lettonie, Lituanie, Hongrie, Malte, Pologne, Slovénie, Slovaquie.

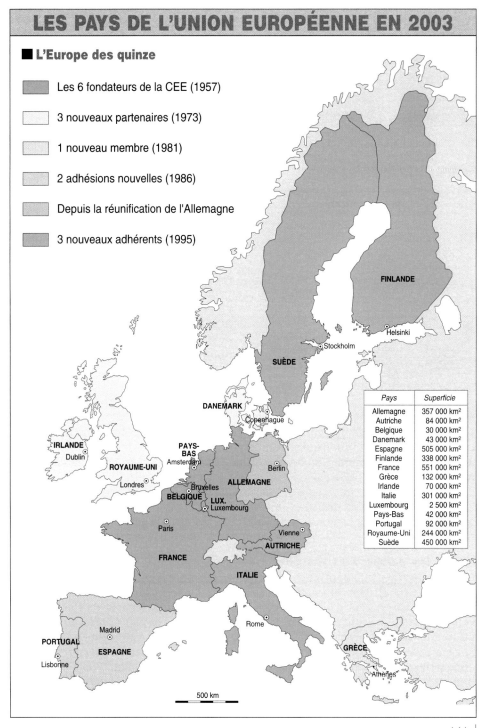

LES PAYS DE L'UNION EUROPÉENNE EN 2003

■ L'Europe des quinze

Les 6 fondateurs de la CEE (1957)

3 nouveaux partenaires (1973)

1 nouveau membre (1981)

2 adhésions nouvelles (1986)

Depuis la réunification de l'Allemagne

3 nouveaux adhérents (1995)

FINLANDE
Helsinki
Stockholm
SUÈDE
DANEMARK
Copenhague
IRLANDE
Dublin
PAYS-BAS
Amsterdam
Berlin
ROYAUME-UNI
Londres
Bruxelles
ALLEMAGNE
BELGIQUE
LUX.
Luxembourg
Paris
Vienne
AUTRICHE
FRANCE
ITALIE
Madrid
Rome
PORTUGAL
ESPAGNE
Lisbonne
GRÈCE
Athènes

Pays	Superficie
Allemagne	357 000 km²
Autriche	84 000 km²
Belgique	30 000 km²
Danemark	43 000 km²
Espagne	505 000 km²
Finlande	338 000 km²
France	551 000 km²
Grèce	132 000 km²
Irlande	70 000 km²
Italie	301 000 km²
Luxembourg	2 500 km²
Pays-Bas	42 000 km²
Portugal	92 000 km²
Royaume-Uni	244 000 km²
Suède	450 000 km²

500 km

CADRE NATUREL
POPULATION
ORGANISATION
VIE ÉCONOMIQUE
COMMUNICATION
FRANCE ET MONDE

L'Europe verte

L'Europe verte se place au second rang mondial, après les États-Unis. La politique agricole commune (PAC) repose sur deux principes : la fixation de prix garantis au sein de la communauté, la préférence communautaire qui, par un système de taxes, amène les pays membres à s'approvisionner dans la communauté.

Le poids de la PAC

La répartition des dépenses budgétaires de la communauté

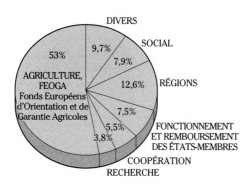

Budget agricole 1992 en millions d'euros :

Recettes agricoles : 2 316
Dépenses agricoles : 38 900

Le coût de la PAC est souvent considéré comme excessif, dans la mesure où il interdit le développement d'autres politiques communes.

Les excédents de l'Europe verte

1,35 million de tonnes de beurre, 735 000 tonnes de viande de bœuf, 17 millions de tonnes de céréales, l'Union européenne croule sous les excédents. La PAC, conçue pour favoriser l'autonomie alimentaire d'une Europe dépendant des marchés extérieurs, a largement dépassé ses objectifs. La modernisation des exploitations, l'augmentation des rendements ont permis à l'Union européenne de devenir exportatrice en céréales, produits laitiers, sucre, vin de table et viande, dans le même temps qu'elle perdait la moitié de ses agriculteurs. Mais la gestion des stocks coûte très cher : 400 euros (2 700 F) par tonne et par an pour le beurre et la viande.

Des perspectives nouvelles

Les prix garantis ont supprimé tout risque de mévente et ont conduit certains agriculteurs à produire toujours plus. Ce système a d'ailleurs favorisé les gros producteurs, les « usines à lait », bien plus que les petits éleveurs. À partir de 1983, de nouvelles orientations sont apparues : la fixation de quotas laitiers (1984), puis la diminution du prix des céréales (1985-1986), le gel des terres avec primes à l'hectare mis en jachère (1988), l'ajustement des agricultures européennes aux normes de la concurrence mondiale (1992). La réforme de la PAC de juillet 1993 s'efforce de diminuer les dépenses de soutien au marché et encourage le gel des productions. Ce gel, qui ne concerne pas les petits producteurs, est assorti d'aides communautaires.

LE MÉCANISME DES PRIX AGRICOLES

Union européenne : « les prix » d'un même produit agricole

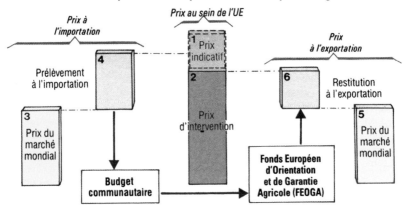

■ Le « marathon agricole »

Le Conseil des ministres de l'Agriculture fixe chaque année, au cours de discussions animées, traditionnellement appelées « marathon agricole », les prix européens de la plupart des produits. Ces prix sont établis en ECU. Il existe en fait deux prix : le prix indicatif (1) et le prix d'intervention (2) (95 % du premier). Le prix d'intervention fixe le seuil en dessous duquel la Communauté décide d'intervenir.

Pour maintenir les cours, des organismes spécialisés achètent des produits et les retirent du marché en les stockant.

■ Les montants compensatoires monétaires

Des montants compensatoires monétaires ont été mis en place, en 1969, dans le cadre des échanges intracommunautaires afin de remédier aux variations du taux de change des monnaies des pays membres. Les MCM fonctionnent comme des taxes à l'exportation si la monnaie du pays exportateur est faible, comme une subvention à l'ex-

portation si la monnaie du pays exportateur est forte.

■ Prix garanti et cours mondiaux

La règle de la préférence communautaire a créé un système compensateur aux frontières de l'UE.

Quand un pays membre achète un produit à un cours mondial inférieur au prix d'intervention européen (3), le produit importé est frappé d'une taxe. Un « prélèvement » (4) rehausse son prix un peu au-dessus du prix communautaire.

Quand un pays membre trouve un acheteur extérieur à l'UE, à un cours mondial inférieur au prix d'intervention européen (5), le FEOGA apporte une subvention. Une « restitution à l'exportation » (6) complète la recette de la vente, afin d'atteindre l'équivalent du prix communautaire.

CADRE NATUREL
POPULATION
ORGANISATION
VIE ÉCONOMIQUE
COMMUNICATION
FRANCE ET MONDE

L'Union européenne : de l'océan aux étoiles

L'Union européenne présente de multiples facettes. À l'Union douanière et à l'Europe verte s'ajoutent le système monétaire européen, l'Europe bleue et l'Europe des étoiles, autour d'Ariane...

L'union économique monétaire

Le Système Monétaire Européen (SME) est né en 1978. Il a pour but d'établir une zone monétaire communautaire stable. Les variations du cours des monnaies nationales étaient contenues dans une fourchette de + ou – 2,5 % par rapport à un cours pivot fixé pour chaque monnaie. Si une monnaie faisait un écart supérieur aux limites définies, la Banque centrale intervenait en achetant ou en vendant, sur le marché des changes, des devises du pays concerné.

Le SME a créé une monnaie européenne : l'*European Currency Unit* ou ECU. Il était possible de faire un emprunt en ECU, mais c'était avant tout une monnaie de compte, en fonction de laquelle étaient quotidiennement cotées les valeurs des monnaies des différents pays membres.

Le traité de Maastricht a abouti à l'union économique et monétaire de l'Europe à travers plusieurs phases. La dernière phase (1er janvier 1999) a abouti à l'introduction de l'Euro comme monnaie unique, qui a servi au début aux transactions entre États puis, à partir du 1er janvier 2002, a remplacé les devises nationales.

L'Europe bleue

L'Europe bleue a vu le jour en 1983 sur le modèle de l'Europe verte. Elle a créé une zone maritime communautaire de 200 milles (voir page 70). Chaque pays membre conserve à l'intérieur de cette zone une bande côtière de 12 milles réservée à ses pêcheurs riverains. L'entrée dans la communauté de l'Espagne et du Portugal a multiplié par deux le nombre de personnes employées dans le secteur de la pêche. Avec 7,6 millions de tonnes de prises annuelles, l'Union européenne se place au troisième rang mondial, après la Chine (35 Mt) et la Russie (7,8 Mt).

Le marché unique européen

Selon l'article 8 du Traité de Rome de 1957, un « Marché Commun » devait être instauré dès l'origine entre les six pays signataires. Pourtant, en 1986, les partenaires communautaires, devenus douze, ont réaffirmé par le biais de l'Acte Unique Européen, leur volonté de créer au soir du 31 décembre 1992 un grand espace économique unique où les marchandises circulent en toute liberté. C'est chose faite depuis le 1er janvier 1993, mais le transfert des lois européennes dans les droits nationaux laisse encore à désirer et la fiscalité indirecte est loin d'avoir été unifiée : de ce fait, les magasins des villes frontalières continuent à vendre toutes sortes de produits (alcool, tabac, essence, chocolat) à des prix très différents du pays riverain.

144

Les actionnaires d'Ariane Espace

CNES
(Centre
National
d'Études
Spatiales)   34%

SNIAS
(Société
Nationale
Industrielle
Aéronautique)   8,5%

SEP
(Société
Européenne
de Propulsion)   8,5%

Matra   3,6%
L'air liquide   1,85%
Divers   2,8%
Belgique   4,4%
Italie   3,4%
Suisse   2,7%
Espagne   2,5%
G.B.   2,4%
Suède   2,4%
Pays-Bas   2,2%
Danemark   0,7%
Irlande   0,25%
Allemagne   19,6%

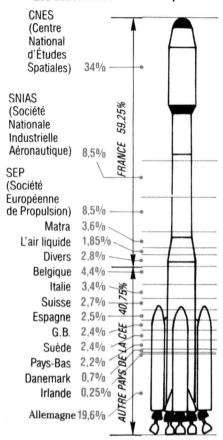

■ L'Agence spatiale européenne

L'Agence spatiale européenne (ASE) est née sous sa forme actuelle en 1975. Elle déborde, de par sa composition, le cadre strict de l'UE. Son rôle est de coordonner des travaux communs, d'analyser des projets élaborés dans un cadre national. L'ASE conduit un important programme scientifique qui a, entre autres, permis au satellite Giotto d'approcher la comète de Halley. Elle fabrique et loue des satellites de télécommunication, tel Météosat.

■ Trois atouts pour Ariane

La base spatiale de Kourou (Guyane française) est remarquablement positionnée. C'est le pas de tir le plus proche de l'équateur, or les satellites de télécommunication, le gros du marché, doivent être mis en orbite géostationnaire à la verticale de l'équateur.

La fusée Ariane est un lanceur très bien adapté à sa tâche : la mise en orbite géostationnaire à 35 885 km d'altitude. La navette spatiale américaine, très performante entre 600 et 1 200 km d'altitude, est mal adaptée à la mise en orbite géostationnaire.

La société Ariane-Espace est une société privée indépendante des contingences politiques et militaires. Elle gère comme elle l'entend son carnet de commande.

■ Demain… Arès, Thémis

Depuis le premier vol d'Ariane, en 1979, l'Agence spatiale européenne (ASE) a réussi plus de 120 lancements et détient 60 % de parts de marché. Mais la concurrence américaine, bientôt russe et japonaise sont autant de menaces sur l'avenir. Aussi l'Agence spatiale européenne entend-elle travailler sur les projets Arès et Thémis qui devraient ouvrir l'ère des fusées réutilisables. Ces projets qui veulent prendre de vitesse les Américains devraient respectivement voir le jour aux alentours de 2006 et 2009.

> L'enjeu statégique de la conquête spatiale est évident. Mais l'enjeu économique est loin d'être négligeable d'autant qu'Ariane domine le marché du lancement de satellites (60 % des mises en orbite) devant la navette spatiale américaine.

CADRE NATUREL
POPULATION
ORGANISATION
VIE ÉCONOMIQUE
COMMUNICATION
FRANCE ET MONDE

La France et les pays en développement

Le siège permanent de la France au Conseil de sécurité, sa force nucléaire et son rayonnement dans les pays en développement lui permettent de garder son rang de puissance moyenne.

▬▬ La coopération

Le ministère de la coopération étend sa compétence sur 29 états en développement : les états francophones de l'Afrique au sud du Sahara, ceux de l'océan Indien : Madagascar, l'Île Maurice ; les états de Gambie, de Guinée-Bissau et de Guinée Équatoriale, ainsi que Haïti et les petites Antilles.
La France envoie quelque 25 000 coopérants, souvent des enseignants, dans le tiers monde. Parmi eux 35 000 volontaires du service national.

▬▬ L'aide financière

La solidarité de la France envers le tiers monde se concrétise aussi par l'aide financière qu'elle apporte aux pays en voie de développement.
Cette aide représente 0,6 % du PNB et dépasse 5 000 millions de dollars par an. Mais si l'on déduit les sommes à destination des DOM-TOM, l'aide pour le tiers monde s'établit aux environs de 3 500 millions de dollars, soit 0,50 % du PNB. En valeur relative, la part de richesse consacrée paraît faible. Mais la France devance largement les 7 autres pays les plus riches du monde pour l'effort consenti. L'aide française est constituée, pour plus de 85 %, de dons.
Depuis le sommet franco-africain de La Baule, une partie de cette aide est conditionnée par les « efforts de démocratisation » faits par les pays demandeurs. Ils doivent établir qu'ils respectent le pluralisme politique et les droits de l'homme.
À l'aide publique s'ajoute une aide privée deux fois plus importante. Elle prend la forme d'investissements, mais il arrive que par ses choix, elle déséquilibre l'économie d'un pays, en privilégiant, par exemple les cultures d'exportation au détriment des cultures vivrières.

▬▬ La préférence africaine

Les pays d'Afrique noire et du Maghreb qui ont accédé à l'indépendance après la Seconde Guerre mondiale, ont gardé des relations privilégiées avec l'ancienne puissance coloniale, sur les plans économique, culturel et militaire.
La France est en effet le premier partenaire commercial et industriel du continent africain. 3 000 petites et moyennes entreprises d'origine française y sont installées et font travailler 350 000 personnes. Le montant des échanges dépasse 150 milliards de francs mais la balance commerciale franco-africaine est excédentaire de 12 milliards en faveur de la France.
La France est aussi le plus important prêteur de fonds du continent africain. En Afrique sub-saharienne, elle finance 2 000 projets et entretient plus de 7 000 coopérants. Cela représente le tiers du volume global de l'aide financière française.

146

UN ASPECT DE LA PRÉSENCE FRANÇAISE

▰▰▰ La présence militaire

SÉNÉGAL
1 000 hommes,
automitrailleuses
légères (AML),
hélicoptères,
1 avion de patrouille,
1 avion de transport.

TCHAD
1 000 hommes,
blindés,
hélicoptères,
avions de chasse,
et de transport.

CENTRAFRIQUE
900 hommes
automitrailleuses
légères (AML),
hélicoptères.

DJIBOUTI
4 000 hommes,
dont Légion étrangère,
blindés, hélicoptères,
1 escadrille de chasse,
1 avion de transport,
1 avion de patrouille,
1 unité de marine.

CÔTE-D'IVOIRE
600 hommes,
blindés légers.

GABON
500 hommes,
automitrailleuses
légères (AML),
1 avion de chasse,
1 avion de transport
et de ravitaillement.

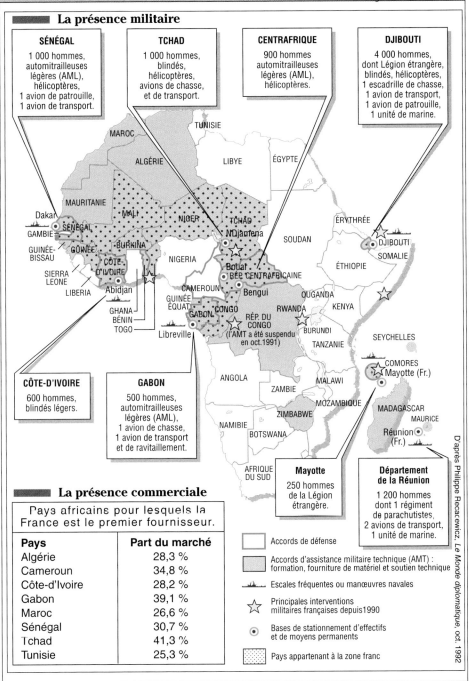

Mayotte
250 hommes
de la Légion
étrangère.

**Département
de la Réunion**
1 200 hommes
dont 1 régiment
de parachutistes,
2 avions de transport,
1 unité de marine.

☐ Accords de défense

▨ Accords d'assistance militaire technique (AMT) :
formation, fourniture de matériel et soutien technique

⚓ Escales fréquentes ou manœuvres navales

☆ Principales interventions
militaires françaises depuis1990

⊙ Bases de stationnement d'effectifs
et de moyens permanents

▦ Pays appartenant à la zone franc

▰▰▰ La présence commerciale

Pays africains pour lesquels la
France est le premier fournisseur.

Pays	Part du marché
Algérie	28,3 %
Cameroun	34,8 %
Côte-d'Ivoire	28,2 %
Gabon	39,1 %
Maroc	26,6 %
Sénégal	30,7 %
Tchad	41,3 %
Tunisie	25,3 %

D'après Philippe Recacewicz, *Le Monde diplomatique*, oct. 1992

147

CADRE NATUREL
POPULATION
ORGANISATION
VIE ÉCONOMIQUE
COMMUNICATION
FRANCE ET MONDE

La présence française

Les Français et la langue française dans le monde

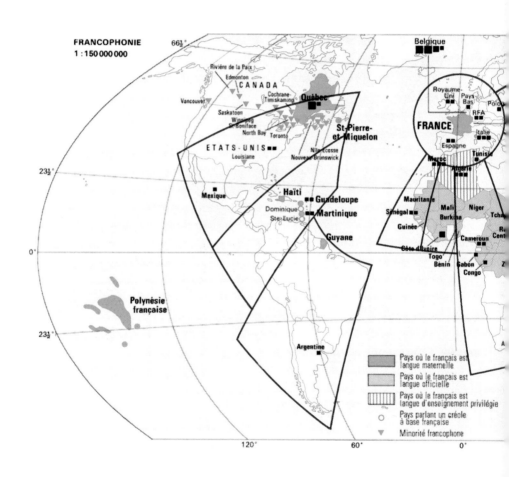

FRANCOPHONIE
1 : 150 000 000

	Pays où le français est langue maternelle
	Pays où le français est langue officielle
	Pays où le français est langue d'enseignement privilégié
○	Pays parlant un créole à base française
▼	Minorité francophone

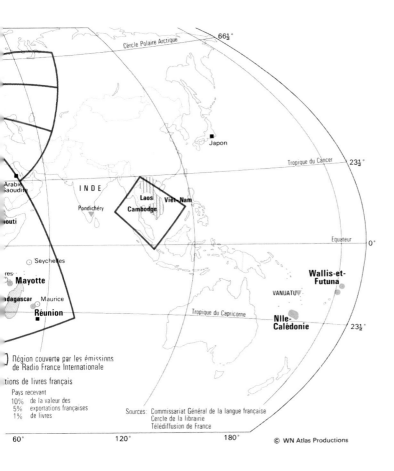

Cercle Polaire Arctique — 66½°

■ Japon

Tropique du Cancer — 23½°

Arabie
Saoudite ■

I N D E

Laos Viet-Nam
Pondichéry Cambodge

iouti

Équateur — 0°

Seychelles

res
Mayotte

Wallis-et-
Futuna

VANUATU

adagascar Maurice

Réunion ■

Tropique du Capricorne

Nlle-
Calédonie — 23½°

] Région couverte par les émissions
de Radio France Internationale

tions de livres français

Pays recevant
10% de la valeur des
5% exportations françaises
1% de livres

Sources: Commissariat Général de la langue française
Cercle de la librairie
Télédiffusion de France

60°   120°   180°   © WN Atlas Productions

CADRE NATUREL
POPULATION
ORGANISATION
VIE ÉCONOMIQUE
COMMUNICATION
FRANCE ET MONDE

Géostratégie du monde actuel

Aires d'influence et géopolitique dans le monde actuel

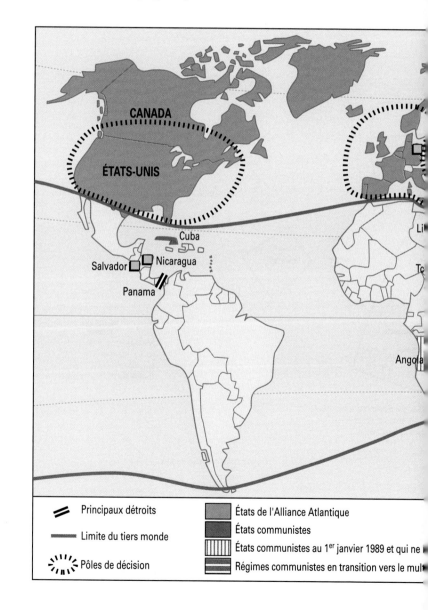

⚏ Principaux détroits	▨	États de l'Alliance Atlantique
── Limite du tiers monde	▨	États communistes
⚏ Pôles de décision	▥	États communistes au 1er janvier 1989 et qui ne
	▤	Régimes communistes en transition vers le mul

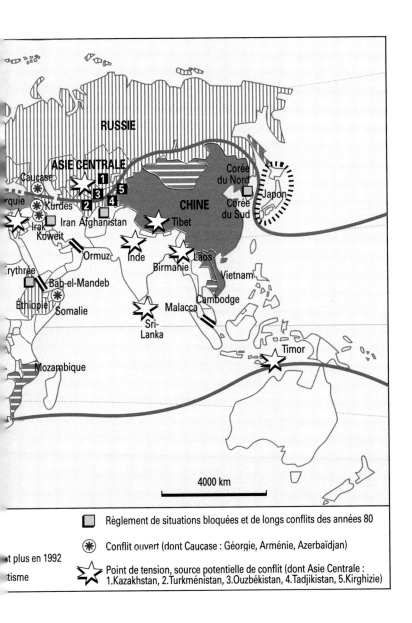

RUSSIE

ASIE CENTRALE

Caucase

quie Kurdes

Irak Iran Afghanistan

Koweït

rythrée Bab-el-Mandeb

Éthiopie Somalie

Mozambique

Ormuz Inde Birmanie

Malacca

Sri-Lanka

CHINE

Corée du Nord Japon

Corée du Sud Tibet

Laos Vietnam

Cambodge

Timor

4000 km

□ Règlement de situations bloquées et de longs conflits des années 80

✳ Conflit ouvert (dont Caucase : Géorgie, Arménie, Azerbaïdjan)

t plus en 1992

tisme

☆ Point de tension, source potentielle de conflit (dont Asie Centrale : 1.Kazakhstan, 2.Turkménistan, 3.Ouzbékistan, 4.Tadjikistan, 5.Kirghizie)

POPULATION DES DÉPARTEMENTS
en milliers d'habitants

01 Ain	514		53 Mayenne	285
02 Aisne	534		54 Meurthe-et-Moselle	712
03 Allier	344		55 Meuse	192
04 Alpes-de-Haute-Provence	139		56 Morbihan	642
05 Alpes (Hautes-)	120		57 Moselle	1 022
06 Alpes-Maritimes	1 007		58 Nièvre	225
07 Ardèche	286		59 Nord	2 550
08 Ardennes	290		60 Oise	765
09 Ariège	137		61 Orne	291
10 Aube	292		62 Pas-de-Calais	1 440
11 Aude	309		63 Puy-de-Dôme	603
12 Aveyron	263		64 Pyrénées-Atlantiques	598
13 Bouches-du-Rhône	1 832		65 Pyrénées (Hautes-)	222
14 Calvados	647		66 Pyrénées Orientales	392
15 Cantal	150		67 Rhin (Bas-)	1 023
16 Charente	339		68 Rhin (Haut-)	706
17 Charente-Maritime	556		69 Rhône	1 575
18 Cher	313		70 Saône (Haute-)	229
19 Corrèze	232		71 Saône-et-Loire	544
2A Corse-du-Sud	116		72 Sarthe	529
2B Haute-Corse	140		73 Savoie	372
21 Côte-d'Or	506		74 Savoie (Haute-)	631
22 Côtes-d'Armor	541		76 Seine-Maritime	1 237
23 Creuse	124		79 Sèvres (Deux-)	343
24 Dordogne	387		80 Somme	556
25 Doubs	498		81 Tarn	342
26 Drôme	436		82 Tarn-et-Garonne	206
27 Eure	540		83 Var	893
28 Eure-et-Loir	407		84 Vaucluse	500
29 Finistère	852		85 Vendée	539
30 Gard	622		86 Vienne	398
31 Garonne (Haute-)	1 046		87 Vienne (Haute-)	353
32 Gers	172		88 Vosges	380
33 Gironde	1 284		89 Yonne	333
34 Hérault	896		90 Belfort (Territoire-de-)	137
35 Ille-et-Vilaine	866			
36 Indre	231			
37 Indre-et-Loire	553			
38 Isère	1 090			
39 Jura	250			
40 Landes	327			
41 Loir-et-Cher	314			
42 Loire	728			
43 Loire (Haute-)	209			
44 Loire-Atlantique	1 132		**Région Parisienne**	
45 Loiret	617		75 Paris	2 116
46 Lot	160		77 Seine-et-Marne	1 192
47 Lot-et-Garonne	305		78 Yvelines	1 352
48 Lozère	73		91 Essonne	1 133
49 Maine-et-Loire	732		92 Hauts-de-Seine	1 423
50 Manche	481		93 Seine-Saint-Denis	1 382
51 Marne	565		94 Val-de-Marne	1 222
52 Marne (Haute-)	194		95 Val-d'Oise	1 102

■ **Quelques chiffres nationaux à titre de repères :**

France
96 départements, 36 527 communes
Capitale : Paris
Superficie : 551 965 km^2
Population : 61 279 000 dont 58 876 000 en métropole
Densité : 108 h/km^2
Espérance de vie : 78,4 ans
Population employée : 24 500 000 dont agriculture : 3,7 % ; industrie-bâtiment : 23,6 % ; tertiaire : 72,7 %
Taux de chômage : 9,0 %

Alsace
2 départements, 897 communes
Préfecture régionale : Strasbourg
Superficie : 8 280 km^2
Population : 1 748 000
Densité : 211 h/km^2
Espérance de vie : 77,3 ans
Emploi régional : 819 000 soit 3,1 % de l'emploi national
Agriculture : 2 % ; industrie-bâtiment : 33 % ; tertiaire : 65 %
Production : 3 % de la production nationale.
Taux de chômage : 5,6 %

Aquitaine
5 départements, 2 288 communes
Préfecture régionale : Bordeaux
Superficie : 41 308 km^2
Population : 2 933 000
Densité : 71 h/km^2
Espérance de vie : 78,1 ans
Emploi régional : 1 304 000 soit 5 % de l'emploi national
Agriculture : 7,1 % ; industrie-bâtiment : 20,5 % ; tertiaire : 72,4 %
Production : 4,4 % de la production nationale.
Taux de chômage : 9,3 %

(Tableau de concordance entre départements et régions page 68).

Auvergne
4 départements, 1 310 communes
Préfecture régionale : Clermont-Ferrand
Superficie : 26 013 km^2
Population : 1 307 000
Densité : 50 h/km^2
Espérance de vie : 77,4 ans
Emploi régional : 549 000 soit 2,1 % de l'emploi national
Agriculture : 8,5 % ; industrie-bâtiment : 25,5 % ; tertiaire : 66 %
Production : 1,9 % de la production nationale.
Taux de chômage : 8,4 %

Bourgogne
4 départements, 2 044 communes
Préfecture régionale : Dijon
Superficie : 31 582 km^2
Population : 1 611 000
Densité : 51 h/km^2
Espérance de vie : 77,7 ans
Emploi régional : 691 000 soit 2,6 % de l'emploi national
Agriculture : 6,5 % ; industrie-bâtiment : 26,5 % ; tertiaire : 67 %
Production : 2,4 % de la production nationale.
Taux de chômage : 8,1 %

Bretagne
4 départements, 1 269 communes
Préfecture régionale : Rennes
Superficie : 27 208 km^2
Population : 2 926 000
Densité : 107,5 h/km^2
Espérance de vie : 77 ans
Emploi régional : 1 261 000 soit 4,8 % de l'emploi national
Agriculture : 7,5 % ; industrie-bâtiment : 24 % ; tertiaire : 68,5 %
Production : 4,1 % de la production nationale.
Taux de chômage : 8,6 %

Centre

6 départements, 1 842 communes
Préfecture régionale : Orléans
Superficie : 39 151 km²
Population : 2 455 000
Densité : 63 h/km²
Espérance de vie : 78,4 ans
Emploi régional : 1 062 000 soit 4,0 % de l'emploi national
Agriculture : 4,5 % ; industrie-bâtiment : 31 % ; tertiaire : 64,5 %
Production : 3,7 % de la production nationale.
Taux de chômage : 7,6 %

Franche-Comté

4 départements, 1 784 communes
Préfecture régionale : Besançon
Superficie : 16 202 km²
Population : 1 119 000
Densité : 69 h/km²
Espérance de vie : 77,9 ans
Emploi régional : 492 000 soit 1,8 % de l'emploi national
Agriculture : 4,5 % ; industrie-bâtiment : 33 % ; tertiaire : 62,5 %
Production : 1,6 % de la production nationale.
Taux de chômage : 7,2 %

Champagne-Ardenne

4 départements, 1 932 communes
Préfecture régionale : Châlons-sur-Marne
Superficie : 25 606 km²
Population : 1 341 000
Densité : 52 h/km²
Espérance de vie : 77,2 ans
Emploi régional : 541 000 soit 2,0 % de l'emploi national
Agriculture : 8,5 % ; industrie-bâtiment : 28 % ; tertiaire : 63,5 %
Production : 2,1 % de la production nationale.
Taux de chômage : 9,3 %

Île-de-France

8 départements, 1 281 communes
Préfecture régionale : Paris
Superficie : 12 012 km²
Population : 11 020 000
Densité : 917 h/km²
Espérance de vie : 78,3 ans
Emploi régional : 5 505 000 soit 21,1 % de l'emploi national
Agriculture : 0,5 % ; industrie-bâtiment : 18 % ; tertiaire : 81,5 %
Production : 28,6 % de la production nationale.
Taux de chômage : 8,0 %

Corse

2 départements, 360 communes
Préfecture régionale : Ajaccio
Superficie : 8 680 km²
Population : 262 000
Densité : 30 h/km²
Espérance de vie : 76,7 ans
Emploi régional : 109 000 soit 0,41 % de l'emploi national
Agriculture : 5,5 % ; industrie-bâtiment : 15 % ; tertiaire : 79,5 %
Production : 0,3 % de la production nationale.
Taux de chômage : 10,1 %

Languedoc-Roussillon

5 départements, 1 542 communes
Préfecture régionale : Montpellier
Superficie : 23 376 km²
Population : 2 333 000
Densité : 100 h/km²
Espérance de vie : 78,2 ans
Emploi régional : 900 000 soit 3,5 % de l'emploi national
Agriculture : 8,5 % ; industrie-bâtiment : 15 % ; tertiaire : 76,5 %
Production : 3,0 % de la production nationale.
Taux de chômage : 12,6 %

Limousin
3 départements, 747 communes
Préfecture régionale : Limoges
Superficie : 16 942 km^2
Population : 709 000
Densité : 42 h/km^2
Espérance de vie : 78,2 ans
Emploi régional : 300 000 soit 1,1 % de l'emploi national
Agriculture : 8,5 % ; industrie-bâtiment : 24 % ; tertiaire : 67,5 %
Production : 1 % de la production nationale.
Taux de chômage : 6,6 %

Nord-Pas-de-Calais
2 départements, 1 550 communes
Préfecture régionale : Lille
Superficie : 12 414 km^2
Population : 3 995 000
Densité : 322 h/km^2
Espérance de vie : 75,4 ans
Emploi régional : 1 702 000 soit 6,5 % de l'emploi national
Agriculture : 2,6 % ; industrie – bâtiment : 26 % ; tertiaire : 71,4 %
Production : 5,5 % de la production nationale.
Taux de chômage : 12,8 %

Lorraine
4 départements, 3 225 communes
Préfecture régionale : Metz
Superficie : 23 547 km^2
Population : 2 306 000
Densité : 98 h/km^2
Espérance de vie : 76,9 ans
Emploi régional : 1 043 000 soit 4,0 % de l'emploi national
Agriculture : 3 % ; industrie – bâtiment : 29 % ; tertiaire : 68 %
Production : 3,2 % de la production nationale.
Taux de chômage : 8,3 %

Basse-Normandie
3 départements, 1 813 communes
Préfecture régionale : Caen
Superficie : 17 589 km^2
Population : 1 427 000
Densité : 81 h/km^2
Espérance de vie : 77,8 ans
Emploi régional : 526 000 soit 2,0 % de l'emploi national
Agriculture : 9 % ; industrie – bâtiment : 25 % ; tertiaire : 66 %
Production : 2,0 % de la production nationale.
Taux de chômage : 8,6 %

Midi-Pyrénées
8 départements, 3 020 communes
Préfecture régionale : Toulouse
Superficie : 45 348 km^2
Population : 2 577 000
Densité : 57 h/km^2
Espérance de vie : 78,9 ans
Emploi régional : 1 172 000 soit 4,5 % de l'emploi national
Agriculture : 6 % ; industrie – bâtiment : 25 % ; tertiaire : 69 %
Production : 3,8 % de la production nationale.
Taux de chômage : 9,4 %

Haute-Normandie
2 départements, 1 421 communes
Préfecture régionale : Rouen
Superficie : 12 317 km^2
Population : 1 788 000
Densité : 145 h/km^2
Espérance de vie : 77,2 ans
Emploi régional : 849 000 soit 3,3 % de l'emploi national
Agriculture : 3 % ; industrie – bâtiment : 28 % ; tertiaire : 69 %
Production : 3,0 % de la production nationale.
Taux de chômage : 11,1 %

Pays de la Loire
5 départements, 1 505 communes
Préfecture régionale : Nantes
Superficie : 32 082 km²
Population : 3 247 000
Densité : 101 h/km²
Espérance de vie : 78,5 ans
Emploi régional : 1 488 000 soit 5,7 % de l'emploi national
Agriculture : 6 % ; industrie – bâtiment : 30 % ; tertiaire : 64 %
Production : 4,8 % de la production nationale.
Taux de chômage : 8,3 %

Provence-Alpes-Côte d'Azur
6 départements, 962 communes
Préfecture régionale : Marseille
Superficie : 31 400 km²
Population : 4 557 000
Densité : 145 h/km²
Espérance de vie : 78 ans
Emploi régional : 1 790 000 soit 6,9 % de l'emploi national
Agriculture : 3 % ; industrie – bâtiment : 16,5 % ; tertiaire : 80,5 %
Production : 6,9 % de la production nationale.
Taux de chômage : 11,9 %

Picardie
3 départements, 2 293 communes
Préfecture régionale : Amiens
Superficie : 19 399 km²
Population : 1 865 000
Densité : 96 h/km²
Espérance de vie : 76,5 ans
Emploi régional : 797 000 soit 3,0 % de l'emploi national
Agriculture : 5 % ; industrie – bâtiment : 30,5 % ; tertiaire : 64,5 %
Production : 2,6 % de la production nationale.
Taux de chômage : 10,6 %

Rhône-Alpes
8 départements, 2 877 communes
Préfecture régionale : Lyon
Superficie : 43 698 km²
Population : 5 699 000
Densité : 130 h/km²
Espérance de vie : 78,5 ans
Emploi régional : 2 515 000 soit 9,6 % de l'emploi national
Agriculture : 3 % ; industrie – bâtiment : 28 % ; tertiaire : 69 %
Production : 9,9 % de la production nationale.
Taux de chômage : 7,6 %

Poitou-Charentes
4 départements, 1 465 communes
Préfecture régionale : Poitiers
Superficie : 25 809 km²
Population : 1 647 000
Densité : 64 h/km²
Espérance de vie : 78,6 ans
Emploi régional : 683 000 soit 2,6 % de l'emploi national
Agriculture : 7,5 % ; industrie – bâtiment : 26 % ; tertiaire : 66,5 %
Production : 2,2 % de la production nationale.
Taux de chômage : 9,5 %

INDEX

Crédits iconographiques
Couverture : photodisc, @ Archives Nathan. p. 5 : Pour la science-nov. 83 ; p. 7 : La France dans le Monde, au cœur des terres émergées, illustration Graindorge, in « La France et l'outre-mer » par A. Bazin, W. Diville, H. Isnard, L. Pierrein, V. Prévot : © Belin, 1963 ; p. 17 : Atlas 2000 - Nathan ; p. 25 : © 1986 - Éditions Jean-Claude Lattès ; p. 29 : Atlas 2000 - Nathan ; p. 33 : Libération 6/5/87 ; p. 51 : Atlas Éco 1986, le Nouvel Observateur Cartographie et décision ; p. 54 : « Les plus beaux villages de France » - Sélection du Reader's Digest ; p. 55 : « Mille visages de la campagne française » - Sélection du Reader's Digest ; p. 65 : Futuroscope ; p. 75 : Service d'Information et de Relations publiques des Armées, Dossier d'information n° hors série, janv. 85 ; p. 83 h : Service INSEE - Données Sociales 1987 ; p. 83 b : Le Nouvel Observateur 13 - 19/2/87 ; p. 129 : Ministère de l'Équipement et du Logement ; p. 131 : Nathan, Le Monde contemporain, Bac pro 1, p. 121 ; p. 133 : Atlas Stratégique - Géopolitique des rapports de force dans le monde © Librairie Artheme Fayard 1983 ; p. 135 : Atlas 2000 - Nathan ; p. 148-149 : Atlas 2000 – Nathan.

Édition : Marie-Odile Morin – **Coordination artistique :** Danielle Capellazzi
Cartographie et schémas : Société Cart, Béatrice Couderc, Jean-Pierre Magnier – **Maquette :** Primart-Ulrich Meyer
Maquette de couverture : Favre-Lhaïk / K. Fleury

N° de projet : 10149244 - C2000 - Mars 2008
Imprimé en France par Clerc S.A.S. - 18200 Saint-Amand-Montrond - N° d'imprimeur : 9628